2,50

Politik

Berni Kelb

Betriebsfibel

Ratschläge für die Taktik am Arbeitsplatz

Mit einem Anhang von Jörg Huffschmid
Die Bilanzanalyse – Instrument zur Aufdeckung der Ausbeutung und des Profits

Politik 31 Wagenbach

Der Vorentwurf zu dieser Fibel wurde im ›Arbeitskreis Strategie‹ (ehemals Republikanischer Club) in Hamburg diskutiert. Ich danke den Genossen an dieser Stelle für die Anregungen und Ergänzungen, die sich dadurch ergeben haben.

22.–24. Tausend 1978

Druck: DRUCKHAUS Neue PRESSE Coburg
Printed in Germany.
ISBN 3 8031 1031 9

Inhalt

Einleitung

Es geschieht immer wieder, daß Genossen wie du versuchen, in ihrem Betrieb die Belegschaft zu agitieren. Und von dieser kriegen sie dann gesagt: »Das ist ja alles ganz schön, was du uns da erzählst. Aber mach man so weiter. Dann fliegst du bald raus!« Auf deine – einer etwas kurzsichtigen Opferbereitschaft entspringenden — Erklärung: »Das macht mir gar nichts aus!« kommt dann die Antwort: »Uns aber.« Damit ist die Sache eigentlich erledigt. Du konntest dein Anliegen nicht vermitteln. Jetzt bist du als Revolutionär isoliert.
Wahrscheinlich bist du, wie die meisten von uns, Anfänger in der revolutionären Betriebsarbeit. Wir – dieses *wir* läßt sich organisatorisch noch nicht genau bestimmen. Es umfaßt die Genossen, die sich als neue, revolutionäre Linke verstehen. Das sind diejenigen, die sich in ihrem Selbstverständnis ungefähr auf die im folgenden Abschnitt angedeutete Zielvorstellung einigen können.
Vielleicht bist du schon länger in deinem Betrieb beschäftigt. Du hast dich aber erst kürzlich entschlossen, auch hier etwas für die Revolution zu tun. Und nicht nur nach Feierabend in Versammlungen oder auf der Straße. Vielleicht hast du aber auch erst jetzt eine solche Arbeit angenommen. Aus der Erkenntnis heraus, daß revolutionäre Arbeit *vor allem* im Betrieb nötig und sinnvoll ist. Beim gegenwärtigen Arbeitskräftemangel ist das kein Problem. So oder so, du bist Anfänger. Und das ist keine Schande, wenn man etwas Gutes anfängt.
Aber Anfänger sind unerfahren. Das ist zunächst nicht weiter schlimm. Auf der Gegenseite haben wir es mei-

stens ebenfalls mit Anfängern zu tun. Mit Anfängern in der Abwehr revolutionärer Betriebsarbeit. Einfach deshalb, weil es seit geraumer Zeit in kaum einem Betrieb langfristig angelegte, zielstrebig und planmäßig betriebene revolutionäre Arbeit gegeben hat. Dieser Umstand darf dich jedoch nicht dazu verleiten, mit einer Art Kräftegleichgewicht zufrieden zu sein. Es genügt nicht, daß sich unsere plumpen Fehler mit denen der Gegenseite ausgleichen. Die Gegenseite wird rasch lernen. Sie ist gut organisiert. Und sie hat alle erdenklichen Hilfsmittel zur Verfügung. Das müssen wir dadurch aufwiegen, daß wir unsere Erfahrungen austauschen und systematisieren. Denn wir können nur dann einen Vorsprung kriegen, wenn es uns gelingt, die massenhafte Wiederholung grober Anfangsfehler und die damit verbundenen Opfer zu vermeiden. Dazu soll diese Fibel beitragen.

1. Das Ziel revolutionärer Betriebsarbeit

Unsere Arbeit gilt der revolutionären Umgestaltung der Gesellschaft. Sie hat das Ziel, jede Form der Herrschaft von Menschen über Menschen und die darauf beruhende Ausbeutung zu brechen. Auch die heute überwiegend verbreitete indirekte Herrschaft. Diese sieht durch eine scheinbare sachliche Vermittlung so aus, als ob sie keine Herrschaft von Menschen über Menschen sei: Es herrschen Menschen über Sachen (Produktionsmittel) – und diese Sachen herrschen über andere Menschen. Ob die Produktionsmittel privates oder staatliches Eigentum sind, spielt dabei für die Beherrschten kaum eine Rolle.
Es kann an dieser Stelle keine ausführliche kritische Analyse des herkömmlichen Klassenbegriffs geleistet werden. Auf das Problem muß trotzdem kurz einge-

gangen werden. Es ist zu klären, wo die Front im revolutionären Kampf verläuft.

Der Feind – üblicherweise etwas unkritisch als Klassenfeind personifiziert – ist nicht eine klar abgrenzbare Personengruppe (Klasse). Der Kampf richtet sich vielmehr gegen das ganze herrschende System von Unterdrückung und Herrschaft, von Ausbeutung und Privilegierung. Jeder Einzelne ist – unabhängig von seiner sozialen Stellung – vom Wohlwollen seiner Oberen abhängig. Und er ist gegenüber denen, die unter ihm stehen, privilegiert. Dieses Prinzip ist nur zu durchbrechen, wenn die Vereinzelung aufgehoben wird. Also durch Solidarität. Da ist die Barrikade: Ist einer bereit, sich mit Seinesgleichen und Untergebenen zu solidarisieren – oder ist er bestrebt, sich nach oben anzupassen? Jenachdem ist er in seinem Verhalten revolutionär oder nicht.

Der Feind steht immer oben. Der konkrete Feind ist jeweils der nächsthöhere Vorgesetzte, der sich nicht mit seinen Untergebenen solidarisiert. Für einen Arbeiter ist die Unterdrückung durch einen despotischen Vorarbeiter viel anschaulicher, als die durch einen jovialen Direktor.

Auf der anderen Seite der Barrikade steht grundsätzlich jede Autorität, die nicht bereit ist, sich von unten in Frage stellen zu lassen. Dabei ist es gleich, ob es sich um Einzelpersonen oder um Institutionen handelt. Das gilt für den Meister ebenso wie für den Professor, den Oberkreisdirektor, Lehrer oder Generaldirektor. Es gilt gleichermaßen für Kirchen wie für Gewerkschaftsapparate, Aktiengesellschaften, Rote Zellen, Behörden oder zur Macht gekommene sich kommunistisch nennende Parteien.

Das revolutionäre Ziel ist ein einfacher Sozialismus. So einfach, daß ihn jeder versteht und ihn haben will. Nicht nur ein Arbeiter, sondern selbst ein aufgeweckter

Intellektueller. Das Ziel kann – etwas vereinfacht – auf die kurze Formel gebracht werden: Niemand darf anderen Menschen einen Vorgesetzten vor die Nase setzen, den diese nicht gewählt haben.
Dieses Prinzip – in allen Bereichen der Gesellschaft konsequent durchgeführt – schließt die Vergesellschaftung von Produktionsmitteln ebenso ein, wie die Entmachtung von Bürokratie. Es beinhaltet gleichermaßen den Sturz des Kapitalismus und ein menschlicheres System in den nichtkapitalistischen Staaten. Es bedeutet eine durch Druck von unten erzwungene ständige Ausweitung der Demokratie. Sie fängt am Arbeitsplatz an. Jede erreichte Stufe bietet bessere Voraussetzungen für die weiteren Schritte. Sie ermöglicht eine Verbreiterung, Intensivierung und Beschleunigung des Kampfes. Bis dieser schließlich in eine die ganze Gesellschaft erfassende siegreiche Revolution mündet.
Dieses Prinzip bedeutet hingegen niemals eine Einschränkung der Demokratie. Ganz gleich, wie sie begründet wird (»vorübergehend«, »durch die objektiven ... Bedingungen erzwungen« usw.). Auch nicht im Namen der Revolution. Mit einer Einschränkung der Demokratie im Namen der Revolution beginnt die innere Konterrevolution.

2. Die zweckmäßigen Mittel des revolutionären Kampfes

Das oben angedeutete Ziel ist nur im selbständigen, gemeinsamen Kampf der Mehrheit der Unterdrückten zu erreichen. Niemand kann stellvertretend (»Interessenvertretung«) etwas Entscheidendes für sie tun. Nicht die beste Organisation und nicht der geschickteste Führer. Auch wir nicht. Wir können nur Hilfestellung geben.

Für den Kampf kann nur eine Form in Frage kommen, in der die Unterdrückten den Herrschenden überlegen sind. Sie können nicht eine Armee aufstellen oder bei freundlichen Nachbarn ausborgen, die stärker ist, als die vorhandene. Schon deshalb ist ein bewaffneter Putsch nicht diskutabel.

Nicht Gewalt ist die Angriffswaffe der Unterdrückten, sondern der Ungehorsam. Der zuerst beispielhafte und dann massenhafte synchronisierte Ungehorsam steigert sich bis zum politischen Massenstreik und zum Generalstreik.

Der Ungehorsam muß aber nicht notwendig passiv bleiben. Seine aktive Form gipfelt darin, daß die Arbeiter ihren Betrieb besetzen und die Produktion in eigene Regie übernehmen. Er unterläuft die Gewalt der Herrschenden und macht sie wirkungslos. Gegen ihn ist kein Kraut gewachsen.

Solche Aktionen von ›synchronisiertem Ungehorsam‹ können nicht »im richtigen Moment« von einer Führung beschlossen und angeordnet werden. Das ist nur in dem Ausnahmefall denkbar, wo sie als Abwehrmaßnahme gegen einen Putsch von rechts gerichtet sind. Der offensive politische Massenkampf hingegen hat stets spontanen Charakter. Er setzt die freiwillige und begeisterte Teilnahme der überwiegenden Mehrheit der Unterdrückten voraus.

Das dafür nötige revolutionäre Bewußtsein zu entwickeln ist nicht durch abstrakte Diskussion, Aufklärung oder Schulung möglich. Es entsteht vielmehr durch das Erfolgserlebnis selbsterfahrener und siegreich ausgetragener Arbeitskämpfe. Im Ansatz gibt es solche Konflikte täglich irgendwo. Damit sie sich aber ausweiten, steigern und zu einer Lawine werden, die in politischen Massenaktionen mündet, bedarf es zweier Voraussetzungen:

a. Sie müssen erfolgreich sein. Eine Niederlage entmutigt nicht nur die Kämpfenden, sondern auch diejenigen, für die der Kampf ein Beispiel sein sollte.
b. Sie müssen bekannt werden. Es muß gelingen, die gegnerische Informationssperre zu durchbrechen. Nur dann kann ein erfolgreiches Beispiel an anderen Stellen aufgegriffen und umgesetzt werden. Erst dadurch entstehen dann neue, größere Beispiele, die sich ihrerseits »wie die Kaninchen« vermehren.

Wenn auch die Gewalt nicht das A und O im revolutionären Kampf ist, so ist es die Gewaltlosigkeit noch viel weniger. Gewaltlosigkeit um jeden Preis, einseitige Gewaltlosigkeit, ist nichts weiter als Wehrlosigkeit. Als Verteidigungswaffe ist Gewalt für Revolutionäre unentbehrlich. Ein Herrschaftssystem kann nämlich auf Ungehorsam nur eine Antwort geben: Es wird »ein Exempel statuiert«. Dabei werden an einer Stelle bewaffnete Kräfte zusammengezogen. Sie sollen durch Androhung oder Anwendung von Gewalt »die Ordnung wieder herstellen«. Das heißt, sie sollen durch ein abschreckendes Beispiel Gehorsam erzwingen.

Die herrschende Gewalt geht gewöhnlich in solchen Fällen unbeschreiblich grausam vor. Der Begriff »weißer Terror« hat in der Geschichte der Arbeiterbewegung eine schreckliche Tradition. Stalinistischer Terror hat übrigens auch diesen weißen Charakter. Weißer Terror richtet sich normalerweise gegen Wehrlose. Wehren diese sich unvorhergesehenerweise, so sagen die Unterdrücker, das sei ein »bewaffneter Aufstand«. Das ist eine Art von Gewalt, die wir nur vorbehaltlos bejahen können.

Revolutionäre Gewalt hat jedoch einen vollkommen anderen Charakter als die herrschende Gewalt. Sie darf auch keine abenteuerliche Spielerei sein. Herrschende Gewalt bedient sich eines Werkzeugs. Das ist die Armee oder die Polizei, die auf Befehl gewalttätig wird.

Ohne eigenen Willen. Ohne zu fragen, wofür. Revolutionäre Gewalt hingegen wird unmittelbar ausgeübt von denjenigen, die sie brauchen. Sie bedarf keines solchen Werkzeugs, kennt keine Befehle und ist defensiv. Das schließt nicht aus, daß Angriff manchmal die beste Verteidigung sein kann.

3. Der geeignete Betrieb

Revolutionäre Arbeit soll nicht auf der Idiotenwiese stattfinden. Die Idiotenwiese ist der Freiraum, den das herrschende System für politische Tätigkeit nach Feierabend zur Verfügung stellt: Parteiversammlungen, Wahlzirkus und notfalls auch mal die Straße für Demonstrationen. Revolutionäre Arbeit soll vielmehr gerade in dem Bereich stattfinden, der für die freie politische Betätigung tabu ist: am Arbeitsplatz, im Betrieb.
Dabei darf der Begriff »Betrieb« nicht zu eng gefaßt werden. Es kann sich um eine Behörde, eine Fabrik, eine Klinik, ein Warenhaus oder um eine Uni, eine Zeitungsredaktion, eine Bank und (für Lehrer *und* für Schüler) eine Schule handeln.
Nun ist nicht jeder Betrieb gleichermaßen dafür geeignet. Du solltest dir einen suchen, der günstige Voraussetzungen bietet. Dabei ist zu berücksichtigen, daß das Grundrecht der freien Wahl des Arbeitsplatzes nur beschränkt gültig ist. Niemand kann ohne weiteres aus der sozialen Schicht heraus, in der er sich durch die äußeren Umstände befindet. Du kannst deshalb nur in einem ziemlich kleinen Bereich wählen.
Der Versuch, für deine revolutionäre Tätigkeit einen Arbeitsplatz außerhalb deines eigenen sozialen Bereichs zu wählen, ist unzweckmäßig. Versuchst du es »weiter oben«, so brauchst du deine ganze Kraft, um Fuß zu

fassen und dich zu behaupten. Du solltest es auch nicht »weiter unten« versuchen. In allen Bereichen der Gesellschaft muß revolutionär gearbeitet werden. Deshalb solltst du keine Arbeit unter deiner beruflichen Qualifikation annehmen. Für romantische Volkstümelei ist keine Zeit.

Ebensowenig wie die soziale Schicht kann die Branche (bzw. Sparte oder Fakultät) für deine Wahl ausschlaggebend sein. Die Tatsache, daß es irgendwo etwas kriselt oder daß anderswo gerade ein Streik stattgefunden hat, bedeutet nicht, daß es sich um grundsätzlich günstige Voraussetzungen für revolutionäre Arbeit handeln muß.

Ein brauchbarer Maßstab für dich sind die folgenden zwei Bedingungen:

a. Es sollen möglichst viele Menschen beisammen sein.
b. Diese sollen durch ihre Arbeit veranlaßt sein, möglichst häufig miteinander in Verbindung zu treten.

Jede dieser beiden Bedingungen für sich allein würde nicht ausreichen. Es kann vorkommen, daß zwei Leute den ganzen Tag miteinander reden müssen, aber sonst mit niemandem reden können. Das kommt vor, wenn zwei Mann auf einer Außenstelle sitzen. Es ist vom revolutionären Standpunkt aus gesehen nutzlos.

Wenig ergibig ist es auch, wenn tausende beisammen sind, aber jeder isoliert ist und kaum mit seinen Nachbarn reden kann. Das kommt in Fließbandbetrieben häufig vor. Deshalb ist die Arbeit dort besonders schwierig. Andererseits ist sie besonders wichtig. Denn hier arbeiten viele Menschen unter besonders schweren und zum Teil entwürdigenden Bedingungen. Es erfordert ein besonderes Maß an Mut, Geschick und Umsicht, hier revolutionäre Arbeit zu leisten.

In der Mitte zwischen diesen beiden Extremen liegt die günstigste Lösung. Dabei kann mal der eine, mal der andere Faktor etwas überwiegen. Das macht nichts.

Ideale Voraussetzungen gibt es jedoch nirgends. Du kannst jetzt also wählen:

Bist du Facharbeiter, dann solltest du nicht bei einem Meister anfangen, der einen Gesellen und drei Lehrlinge hat. Versuch es in einem Industriebetrieb. Je größer, desto besser.

Bist du Verkäuferin, dann stell dich nicht beim Krämer an der Ecke hinter den Tresen. Fange lieber in einem großen Warenhaus an.

Bist du Mediziner, dann baue dir nicht eine teure und einträgliche Praxis auf, sondern fange in einer Klinik an.

Bist du Kaufmann, so solltest du versuchen, in einem Großbetrieb als Angestellter zu arbeiten, statt Vertreter zu werden.

Einige Berufe machen scheinbar eine Ausnahme erforderlich. Auf sie trifft das eben Gesagte – vordergründig gesehen – nicht zu. Das sind diejenigen Berufe, in denen man in einem normalen Betrieb von vornherein auf der anderen Seite der Barrikade steht:

Bist du z. B. Jurist, so kannst du als Genosse unmöglich Syndikus in einem Unternehmen werden. Auch in einem renommierten Anwaltsbüro anzufangen oder selbst ein Büro zu eröffnen, ist nicht sehr ratsam. Besser ist der Justizdienst. Oder, wenn du schon Anwalt bist, ein sozialistisches Anwaltskollektiv.

Die günstigsten Voraussetzungen für revolutionäre Arbeit sind erfahrungsgemäß neben der Universität in großen Industriebetrieben gegeben. Deshalb sind Einzelheiten in dieser Fibel an einigen Stellen darauf zugeschnitten. Möglich ist revolutionäre Arbeit jedoch an jedem Arbeitsplatz. Und in jeder Art von Betrieb. Deshalb sind die grundsätzlichen Aussagen der Fibel in leicht abgewandelter Form überall anwendbar.

Der Einzelkämpfer im Betrieb

Einzelkämpfer zu sein, ist ein Übergangsstadium. Ein Zustand, den du überwinden mußt. So schnell es irgend geht. Es ist eine Not, aus der du keine Tugend machen darfst. Alleine kannst du nicht viel ausrichten. Andrerseits kannst du nicht untätig warten, bis du Genossen findest. Beginne deshalb sofort, die künftige Arbeit vorzubereiten. Für deine langfristige Arbeit brauchst du eine sichere Grundlage. Neben gründlicher Vorbereitung gehört dazu eine klare Vorstellung, worum es geht und wie. Nur dann kannst du dir einen brauchbaren Plan für die Einzelheiten machen.

1. Zwei Hauptaufgaben

Deine wichtigste Aufgabe ist es, im Betrieb schwelende Konflikte aufzugreifen. Sie müssen der Belegschaft bewußt werden, damit sie nicht verschleiert und unterdrückt, sondern ausgetragen werden können. Es hat einen vertretbaren Grund, daß wir bemüht sind, Konflikte »aufzubereiten«.

Der ständige Konflikt zwischen den Unterdrückten und dem herrschenden System wird nicht von uns – vielleicht aus Streitsucht – gemacht oder aufgebauscht. Er ist objektiv vorhanden. Wir wollen lediglich das ungeschriebene Gesetz brechen, daß er scheinbar entschärft, wirklich aber einseitig ausgetragen wird. Auf Kosten der Unterdrückten. Die resignierte »freiwillige« Unterordnung ist eine Scheinlösung. Stattdessen wollen wir eine echte Lösung herbeiführen helfen: Die Unterdrückten erzwingen eine demokratische Lösung, indem sie den Konflikt offen austragen. Der Schwächere muß nachgeben. Gemeinsam handelnd sind die Unterdrückten nicht mehr schwach. Das soll deine Arbeit bewerkstelligen.

Vereitelt werden muß hingegen jeder Versuch, Teile der Belegschaft zu einer Solidarisierung gegen Unterprivilegierte zu veranlassen. Typische Ansätze dazu sind:

> Feindseligkeiten gegen ausländische Kollegen. Gleichgültigkeit gegenüber den Lohn-, Arbeits- und Lebensbedingungen von Frauen und Hilfskräften. Das Schikanieren von Lehrlingen. Die Abgrenzung von Gymnasiasten gegenüber Haupt- und Realschülern. Oder von Angestellten gegenüber Arbeitern.

Jede noch so kleine Aktion in dieser Richtung dient direkt der Gegenseite. Der Feind steht immer oben!

Neben der ersten Aufgabe steht eine weitere, auf die du gut vorbereitet sein mußt. Sie kann jeden Tag überraschend auf dich zukommen. Es ist das Aufgreifen von anderswo ausgebrochenen Konflikten. Das ist der wesentliche Inhalt des Wortes »Solidarität«. Mach dir gleich zu Beginn deiner Arbeit einen Plan, was zu tun ist, wenn dieser Fall eintritt. Lege ihn »in die Schublade« und überprüfe ihn ständig entsprechend den sich ändernden Möglichkeiten. Je nach dem Stand deiner eigenen Arbeit wirst du verschieden reagieren können. Morgen kannst du vielleicht erreichen, daß deine Kollegen ein Grußtelegramm schicken, wenn in einem anderen Betrieb gestreikt wird. Nächstes Jahr könntest du gar eine Geldsammlung veranlassen. Wenn du gut arbeitest, wird es in absehbarer Zeit möglich sein, daß dein Betrieb sich so einem Streik anschließt.

Auch ein in deinem Betrieb ausgebrochener Konflikt kann sich zu einer großen Bewegung ausweiten. Das ist unwahrscheinlich, aber nicht ausgeschlossen. Doch jeder größere Konflikt – ob selbstgemacht oder nur mitgemacht – braucht Vorbereitung. Er kann nur dann er-

folgreich durchgestanden werden, wenn vorher in eigenen kleinen Aktionen das revolutionäre Bewußtsein (das Selbstvertrauen, die Erkenntnis, daß »es geht«) deiner Kollegen sich entsprechend gefestigt hat.
Also: Jeden Konflikt sorgfältig behandeln. Und stets gewärtig sein, daß gerade er der berühmte Funke ist.

2. *Zwei ständige Gefahren*

Ein alter Grundsatz der Unfallverhütung lautet: Gefahr erkannt – Gefahr gebannt. Neben vielen kleinen Gefahren gibt es zwei große, auf die du besonders achten mußt. Es sind Fehler, deren Folgen kaum rückgängig zu machen sind. Erfahrungsgemäß haben fast alle Genossen, die bei revolutionärer Betriebsarbeit gescheitert sind, einen dieser beiden Fehler gemacht.

a. Die Sackgasse der »Legalität um jeden Preis«

Die erste Gefahr ist, daß du Angst davor hast, mit Gesetzen oder gesetzesähnlichen Normen (Tarifverträgen) in Konflikt zu geraten. Mach dir nichts draus: Das muß so sein. Die einschlägigen Gesetze sind mit der Absicht gemacht, dir Knüppel zwischen die Beine zu werfen. Selbstverständlich kannst und sollst du die aus den bestehenden Gesetzen und ihren Lücken sich ergebenden Möglichkeiten weitestgehend nutzen. Es hat jedoch wenig Sinn, sich ausschließlich daran zu orientieren. In dem Augenblick nämlich, da unsere Arbeit wirksam wird, gibt es flugs eine andere gesetzliche Regelung. Und was bislang rechtens war, ist dann verboten.
Es leuchtet ein, daß wir uns nicht auf einen Wettlauf mit der Gesetzgebungsmaschine des herrschenden Systems einlassen können. Wir halten diesen Standpunkt für legitim. Nicht nur unter dem Gesichtspunkt revolu-

tionärer Zweckmäßigkeit. Auch unter dem höheren juristischen Gesichtspunkt des selbstverständlichen Grundsatzes »Gleiches Recht für alle«, denn:

1. Alle Gesetze, welche die politische Arbeit im Betrieb einschränken, richten sich einseitig ausschließlich gegen die Unterdrückten. Auf der Gegenseite werden im Betrieb durchaus politische Belange behandelt und durchgesetzt. Zum Beispiel auf Konferenzen und Tagungen in den Direktionszimmern der großen Konzerne. Und zwar mit Mitteln des Betriebes. Und wenn es sein muß, wird seine gesamte wirtschaftliche Macht in die Waagschale geworfen.

2. Die Gegenseite setzt sich ständig über Gesetze hinweg. Häufig werden zum Beispiel Sicherheits- und andere -Gesetze und -Vorschriften mißachtet, weil sie dem Profitstreben im Wege stehen. Von diesen Fällen wird nur ein kleiner Teil bekannt. Darüber hinaus gibt es immer wieder Fälle, daß unbequeme Leute unter einem fadenscheinigen Vorwand gefeuert werden. Oftmals sind das unsere Genossen. Wenn sie Glück haben, bekommen sie beim Arbeitsgericht »Recht« und der Betrieb muß ihnen eine hohe Abfindung zahlen. Aber eine Wiedereinstellung wird in jedem Fall als »für den Betrieb unzumutbar« abgelehnt.

Für die Gegenseite, die die Gesetze gemacht hat, ist es unzumutbar, sie einzuhalten! Für uns schon lange!!

Wenn das Gesetz uns nicht schützen will und kann, müssen wir das selbst tun. Das heißt konkret für dich und deine Arbeit: Namen von Revolutionären im Betrieb gehen niemanden etwas an. Auch deiner nicht. Wir brauchen keine kaltgestellten Helden. Sprich über vertrauliche Dinge wie Namen auch nicht mit dem, der es wissen kann, sondern nur mit dem, der es wissen muß. Wir sind gezwungen, teilweise »verdeckt« zu arbeiten. Die Organe der anderen Seite (Kripo, Verfassungsschutz, Werkschutz) tun das auch.

Das gilt als legal, wenn sie es tun. Gut, es sind ihre Gesetze. Wir wissen: Revolutionäre Betriebsarbeit hat immer bestenfalls halblegalen Charakter. Nicht weil wir etwas Böses vorhaben, sondern weil wir uns nicht mit bösen Mitteln daran hindern lassen werden, das Richtige zu tun.

b. Der Polit-Clown

Die zweite Gefahr ist, daß du dich im Betrieb in die Rolle eines Polit-Clowns drängen läßt. Das geschieht fast zwangsläufig, wenn du bei jeder sich bietenden Gelegenheit auftrittst und linke Phrasen drischst. Oder wenn du ständig allen Leuten Diskussionen aufzwingst. Weitsichtige Betriebsleitungen dulden das sogar in einem bestimmten Rahmen. Es hilft ihnen, eine Übersicht über die revolutionären Kräfte im Betrieb zu behalten. Und es dient gleichzeitig als Aushängeschild für liberale Haltung und ein gutes Betriebsklima.

Du kannst in dieser Rolle erleben, daß die ganze Belegschaft schon bei deiner Wortmeldung lacht und Beifall gibt. Einfach weil dein Beitrag Abwechslung in die Versammlung zu bringen verspricht. Du kannst sogar in den Betriebsrat (BR) und dort zum Vorsitzenden gewählt werden, wenn du dich als »Interessenvertreter« ausgibst. Tu das nicht. Der normale Gang der Dinge ist, daß aus einem »Interessenvertreter« ein Interessenverräter wird. Er kann nicht anders. Andernfalls, wenn du ehrlich bleibst, preschst du irgendwann zu weit vor und wirst abgeschossen. Dann stellst du enttäuscht fest, daß kaum jemand, dessen Interessen du vertreten hast, hinter dir steht.

Selbstverständlich darfst du öffentlich auftreten im Betrieb. Das sollst du sogar. Aber nicht als Interessenvertreter, sondern als Sprecher der Belegschaft. Diese Rolle setzt viererlei voraus:

1. Dein Wort muß bereits Gewicht haben. Das bedingt einige Vorarbeiten. Auf die wird weiter unten noch eingegangen.
2. Du mußt die Stimmung der Belegschaft kennen und ihre Gedanken möglichst treffend ausdrücken können. Sie soll sich mit dem was du sagst verstanden, nicht belehrt fühlen.
3. Du mußt dich selbst dazu ernennen. Das heißt, du mußt den Mut haben, es einfach zu sein. Ein Sprecher wird im Normalfall nicht gewählt. Es gibt ihn, oder es gibt ihn nicht. Wird er doch gewählt, dann nur, weil er es de facto schon ist. Weil er bewiesen hat, daß er das kann.
4. Du mußt den Schwindel mit der sogenannten Interessenvertretung entlarven. Niemand kann stellvertretend für die Belegschaft deren Interessen durchsetzen. Das kann sie mit Erfolg nur selbst tun. Das wird sie aber nicht versuchen, solange sie glaubt, daß jemand anders es für sie tut. »Interessenvertretung« wirkt lähmend. (Man wartet erstmal ab, was »der« für einen erreicht. Wenn er nichts erreicht, dann war auch nichts zu machen. Der kennt sich da schließlich aus.)

3. Die Rückendeckung: Verbindung nach außen

Mit dem bisher Gesagten ist ungefähr der Rahmen für deine Arbeit abgesteckt. Deine Aufgabe erfordert Mut und Geschick. Bilde dir nichts darauf ein. Erfahrungsgemäß sind dabei nicht allein Charakter und Intelligenzquotient ausschlaggebend. In der revolutionären Betriebsarbeit haben bisher fast nie diejenigen mit den besten persönlichen Voraussetzungen beispielhaft gewirkt. Es waren vielmehr jene, die organisiert waren. Sie hatten eine – meist kleine – Gruppe im Betrieb gebildet. Sie warfen ihre Fähigkeiten und ihren Einfallsreichtum in einen gemeinsamen Topf und vervielfachten sie dadurch. Und sie hatten Mut, weil eine Organisation ihnen das Rückgrat stärkte. Das sagt nichts über die Qualität der Organisation. Aber die Gewißheit, daß andere Genossen anderswo das gleiche tun, wirkt Wunder.

Versuche nicht, im Alleingang ein großer Arbeiterführer zu werden. Sicher kannst du unter günstigen Umständen mit Fleiß und Geschick einiges erreichen. Aber eine nachhaltige Breitenwirkung ist so nicht zu erzielen. Dafür mußt du gewärtig sein, daß andere kommen und absahnen. Irgendein straff organisierter Organisationsapparat wird dich vor seinen Karren spannen. Ohne daß du es willst und zunächst ohne daß du es bemerkst. Allein kannst du dich nicht lange dagegen wehren. Es ist gefährlich, denn es ist verlockend und beruhigend, wenn man sich irgendwo anlehnen kann.

Versuche auch nicht, um jeden Preis eine eigene kleine Organisation aufzuziehen und großzumachen. Wenn du deinerseits versuchst, andere Genossen einzufangen und vor deinen Wagen zu spannen, kannst du sicher sein, daß du auf lauter Leute triffst, die das gleiche mit dir vorhaben. Was herauskommt, sind endlose Streitereien um einen Führungsanspruch. Wobei es meist gar nichts zu führen gibt.

Wenn du – was wahrscheinlich ist – bereits einer Organisation oder einem Kreis von Genossen angehörst, nutze das aus. Lasse dich nicht bevormunden und »anleiten«, sondern verlange Hilfe. Dazu ist die Organisation da. Laß dir Kontakte zu Genossen in anderen Betrieben vermitteln. Die Zusammenarbeit mit ihnen erleichtert es nebenbei auch, sich gegen Bevormundung zu wehren. Arbeite auch mit Genossen aus deinem oder aus anderen Betrieben zusammen, die einer anderen Organisation angehören. Das einzige, was einer Zusammenarbeit im Wege steht, ist ihre Angst, durch dich von deiner Organisation bevormundet zu werden. Den gleichen Vorbehalt hast du ja auch ihnen gegenüber. Wenn ihr gemeinsam feststellt, daß ihr euch weder von der einen, noch von der anderen Organisation bevormunden lassen wollt, werdet ihr in eurer Zusammenarbeit nahezu unüberwindlich.

Du kommst nicht ganz ohne eine Organisation aus. Die schlechteste ist besser als gar keine. Aber arbeite *mit* einer Organisation, nicht *für* sie. Bewahre gegenüber jedweder Organisation folgenden Vorbehalt:

> Die Organisation ist nur eine Abstraktion. In Wirklichkeit, konkret, gibt es sie nicht. Was gemeinhin Organisation genannt wird, ist nichts weiter, als eine bestimmte Art und Weise, wie Menschen zusammenarbeiten. Deshalb kannst du nicht wirklich etwas für eine Organisation tun. Nur scheinbar. In Wirklichkeit kommt es irgendwelchen Menschen zugute. Und wenn die Organisation nicht demokratisch ist, deren Führern. Die machen sich die Undurchsichtigkeit dieses Zusammenhanges zunutze. Häufig ohne böse Absicht.

Was du eigentlich brauchst, ist eine Organisation, die es nicht darauf anlegt, viel herzuzeigen. Deine Sicherheit und ein ununterbrochener Fortgang der Arbeit für die Revolution ist wichtiger, als das Prestige einer Organisation.

Es muß eine Organisation sein, die nach dem Eisbergprinzip arbeitet. Sie muß nach den Erfordernissen deiner Arbeit strukturiert sein. Sie hat dir Kontakte zu Genossen in anderen Betrieben, sachkundigen Rat und technische Hilfe zu vermitteln. Sie hat umgekehrt auch dafür zu sorgen, daß deine Hilfe anderen Genossen zuteil wird.

Keine der bisher bestehenden Organisationen wird diesen Anforderungen gerecht. Bei allen steht – mehr oder weniger – Eigennutz der Organisation zum Wohle der

Führung an erster Stelle. Die Organisation, die du brauchst, muß erst geschaffen werden. Mit deiner Hilfe. Wenn du mit anderen Genossen zusammenarbeitest, gleichberechtigt und ohne Bevormundung, dann beginnt sie zu existieren.

Einen ermutigenden Versuch in dieser Richtung hat seit einiger Zeit das ›Sozialistische Büro‹ in Offenbach unternommen. Es ist bestrebt, autonom arbeitende Gruppen miteinander in Verbindung zu bringen, faßt sich aber selbst nicht als Organisation auf. In diesem Sinne gibt es die Zeitschrift ›links‹ und für in Betrieben arbeitende Genossen den ›express‹ heraus. Beide sind zu erhalten beim Verlag 2000 GmbH, 605 Offenbach 4, Postfach 591.

Wenn aber einer kommt und dich ›anleiten‹ will, dann jage ihn zum Teufel. Vielleicht kommen auch Leute und erzählen dir, du sollst eine Betriebszeitung machen. Sie bieten dir sogar Hilfe an. Sie wollen die Zeitung für dich machen. Du brauchst ihnen nur Informationen aus dem Betrieb zu geben. Über Konflikte und so. Dann lasse sie abblitzen! Frage sie, wo *sie* arbeiten. Und warum sie dort keine Zeitung herausbringen. Revolutionäre Arbeit kann und soll jeder an seinem Platz machen. Die Frage wird ihnen peinlich sein. Sie wollen nämlich nicht arbeiten, sondern Arbeiterführer sein. Mißtraue allen, die bei dir und auf deine Kosten irgendeine führende Rolle verwirklichen wollen. Jeder Person, Partei und Organisation.

4. Die Vorarbeit: Sicherung und Ausbau der eigenen Position

Auch wenn du noch so große Fähigkeiten hast: Solange du allein bist, kannst du nicht die Belegschaft überzeugen. Weder davon, daß der Sozialismus richtig, noch davon, daß die Revolution notwendig und möglich ist. Versuche es lieber gar nicht erst. Zügle deinen Heroismus vorerst ein wenig. Denk daran, daß deine eigentliche Aufgabe in dieser Situation ist, eine Gruppe von Genossen aufzubauen. Sie wird deine Kraft vervielfachen. Und sie ist in der Lage, zur Not die Arbeit ohne dich weiterzuführen. Erst dann kannst du dir eventuell Husarenstücke leisten, bei denen du einen Hinauswurf riskierst.

Du darfst in dieser ersten Phase äußerlich sichtbar nichts weiter machen, als einen guten Eindruck. Beachte dabei besonders zwei Gesichtspunkte:

1. Versuche, deine Arbeit so gut zu machen, daß du von Kollegen und Vorgesetzten fachlich ernstgenommen wirst. So kannst du an deinem Arbeitsplatz ziemlich unentbehrlich werden.
2. Bemühe dich, menschlich ernstgenommen zu werden. Besserwisser und Klugscheißer haben nichts zu bestellen. Einem Neuen stehen Zurückhaltung und etwas (zur Not gespielte) Schüchternheit gut an. Es wird dir eher nachgesehen, wenn du über Sport nicht mitreden kannst, als wenn du ein Gespräch über Politik erzwingen willst.

Gut ist es, wenn es dir gelingt, in deiner Haltung Selbstbewußtsein gegenüber Vorgesetzten, Verständnis gegegenüber Kollegen, sowie Humor und die Bereitschaft zur Selbstironie auszudrücken. So wird dein Wort bald an Gewicht gewinnen.

Hast du deine Probezeit heil hinter dich gebracht, dann bemühe dich, das Leben im Betrieb in seiner ganzen Vielfalt zu erfassen. Gehe dabei rasch und systematisch vor. Aber nicht überstürzt und aufdringlich. Das würde auffallen. Zunächst kommt es nur darauf an, möglichst überall dabei zu sein, ohne dabei die Rolle als »Neuer« zu vergessen: Große Ohren – kleiner Mund!

Betriebssport und alle Arten von gesellschaftlichen und

geselligen Veranstaltungen sind ein guter Ansatzpunkt. Du erhältst dabei in einem Monat durch Betriebsklatsch mehr Informationen als am Arbeitsplatz in einem Jahr. Mach ruhig irgendwo aktiv mit. Aber nimm möglichst keine Funktionen an. Meistens steckt doch arge Vereinsmeierei dahinter. Du hast besseres zu tun, als das ernst zu nehmen. Das Mitmachen aber ist wertvoll. Du lernst Kollegen aus allen Ecken des Betriebes kennen.

Es gibt in jedem Betrieb eine Reihe von Leuten, die eine – meist unterbezahlte – Sonderstellung einnehmen. Sie haben einen Arbeitsplatz, der für den Informationsaustausch wie geschaffen ist. Entweder kommen sie durch ihre Arbeit im ganzen Betrieb herum, oder fast alle im Betrieb Beschäftigten kommen aus irgendeinem Grund zu ihnen. Das sind u. a.: Ausfeger, Boten, Kalfaktoren, Köchinnen, Magazin- und Lagerverwalter, Pförtner und Sanitäter.

Unter ihnen gibt es manchen, an dem ein Philosoph verlorengegangen ist. Ohne daß er spinnt. Es macht einfach Spaß, mit ihm zu sprechen. Und es ist nützlich. Von den meisten Kollegen wird er herablassend behandelt und nicht ernstgenommen. Wenn du auf solch einen Typ triffst, halte ihn dir warm. Versuche nicht, ihn zu bekehren, sondern erwerbe sein Vertrauen dadurch, daß du ihm zuhörst. Wenn er als Mensch ernstgenommen wird, ist er meist dankbar und wird möglicherweise ein überaus guter Verbündeter.

Bemühe dich gleichzeitig, Anschluß an das Gewerkschaftsleben im Betrieb zu finden. Das ist leicht, wenn du die Kunst beherrscht, schüchternes Interesse zu zeigen. Diskutiere nicht mit dem BR-Vorsitzenden über Reformismus und Revisionismus, sondern fange lieber »ganz unten« an. Falls du noch unorganisiert bist, laß dich zunächst aufnehmen. Nicht im Gewerkschaftsbüro am Ort. Möglichst auch nicht im BR-Büro. Am besten von einem Kollegen, von dem du weißt, daß er gewerkschaftlicher Vertrauensmann oder BR-Mitglied ist. Er wird dich dann weiterhin betreuen. Für dich heißt das, daß du einen festen Kontakt hast.

Pflege ihn vorsichtig, d. h. intensiv, aber nicht aufdringlich. Diskutiere mit deinem Betreuer gelegentlich mal positiv-gewerkschaftlich (gegen den Unternehmer; gemeinsames Interesse; Organisation macht stark). Vermeide in diesem Stadium auf jeden Fall offensive und aggressive Diskussion (Rolle der Gewerkschaftsbürokratie; Sozialismus; Revolution; Geschichte der Arbeiterbewegung).

Merke: Es ist zweifellos wichtig, daß du eine flammende Rede halten kannst. Daß du eine qualifizierte Meinung hast und in der Lage bist, sie mit treffenden Worten zu sagen. Aber gegen tief verwurzelte Vorurteile sind Argumente eine stumpfe Waffe. In dieser Situation ist es noch wichtiger, den Mund halten zu können. Das ist die wichtigste Fähigkeit, die deine Arbeit in diesem Stadium von dir verlangt: Die Kunst, abzuschätzen, wann es angebracht ist, deine Meinung für dich zu behalten.

Der nächste Schritt ist, daß du deinen Betreuer mal nach einer Gewerkschaftszeitung fragst. Wenn er sie dir ohnehin regelmäßig gibt, frage ihn nach der »Quelle«, der »Welt der Arbeit« oder nach irgendwelchem Werbematerial für die Gewerkschaft. Sei sicher: In kurzer Zeit bist du »in«. Interessierte junge Leute sind dort rar. Mit großer Wahrscheinlichkeit wirst du schon beim nächsten mal, wenn wieder eine Wahl ist, selbst gewählt. In eine untere Funktion als gewerkschaftlicher Vertrauensmann oder BR-Mitglied. Dabei wird von deinem Betreuer und seinen Freunden etwas nachgeholfen, »manipuliert«.

Das bedeutet: Du wirst von Kollegen aufgestellt und durchgebracht, die untere Gewerkschafts- oder SPD-Funktionäre sind oder beides. Sie würden dich davon-

jagen, wenn sie wüßten, wer du bist. Ihre Hilfe kannst du ruhigen Gewissens annehmen. Sie ist nützlich und du bist zuerst ein bißchen darauf angewiesen. Du mußt bei dieser Methode jedoch streng darauf achten, daß du deine Kollegen niemals belügst. Du kannst höchstens die Wahrheit ihrem Verständnis entsprechend dosieren. Du darfst aber nie eine Äußerung tun, von der dir irgendwann das Gegenteil bewiesen werden kann. Du mußt um jeden Preis glaubwürdig bleiben.
Wenn du gewählt bist: Glaube nicht, daß du etwas Wichtiges erreichen kannst. Dein direkter Einfluß vergrößert sich nicht sehr Zählen tut der indirekte Gewinn: Du bist nicht mehr isoliert und an deinen Arbeitsplatz gebunden. Du kannst Informationen einholen und Kontakte knüpfen, ohne daß es auffällt.

5. Das Ende des Einzelkämpferdaseins

Während du – wie gesagt – nach außen hin nichts weiter gemacht hast als einen guten Eindruck, hast du Informationen gesammelt. Du hast vom ersten Tage an begonnen, alle erreichbaren Daten zu erfassen und zu ordnen. Dieses Rohmaterial wird zu einer Betriebsanalyse verarbeitet, auf die weiter unten noch ausführlicher eingegangen wird.
Der nächste Schritt ist, daß du ein paar Genossen als Grundstock für die geplante Gruppe einsammelst. Voraussetzung ist, daß du zu dem Zeitpunkt schon möglichst viele Leute im ganzen Betrieb kennst. Nur dann kannst du die wenigen, die vorerst in Frage kommen, herausfinden. Bedenke, wie gering die statistische Wahrscheinlichkeit ist, daß sich die potentiellen Kader ausgerechnet unter der kleinen Zahl von Kollegen befindet, mit denen du am Arbeitsplatz zu tun hast. Andererseits geht es nicht an, im ganzen Betrieb wahllos und auf gut

Glück Leute anzusprechen. Der in Frage kommende Personenkreis muß eingegrenzt werden. Konzentriere dich zunächst auf zwei Personengruppen:

a. Unter den jüngeren Kollegen sind häufig welche, die außerhalb des Betriebes schon Kontakt zur sogenannten ApO hatten oder haben. Du findest sie namentlich unter den Lehrlingen, günstigenfalls auch unter den Jugendsprechern. Sie stehen in der Regel einer systematischen Arbeit im Betrieb sehr aufgeschlossen gegenüber, wenn du ihnen vernünftige Vorschläge machen kannst.

Außerhalb der Arbeitszeit befinden sie sich meistens auf der in der Einleitung beschriebenen »Idiotenwiese«. Es ist für sie ein »aha-Erlebnis«, wenn du ihnen zeigst, daß sich die Freizeit auch anders nutzen läßt: Um die Arbeit im Betrieb theoretisch und praktisch gründlicher vorzubereiten. Um sich mit Kollegen und Genossen in Ruhe und ausführlich zu besprechen. Und um die Verbindung zu anderen Betrieben und zur gesamten revolutionären Bewegung herzustellen und zu pflegen.

b. Es gibt in fast jedem größeren Betrieb einzelne Genossen aus früher einmal oder noch bestehenden SPD- oder KP-Betriebsgruppen, die für eine Zusammenarbeit zu gewinnen sind. Sicher wird diese Zusammenarbeit anfangs manchmal sehr problematisch sein und von deiner Seite viel Einfühlungsvermögen verlangen.

Du solltest trotzdem, wenn es irgend geht, nicht darauf verzichten. Diese Genossen bringen nämlich zwei wertvolle Eigenschaften mit: Sie kennen den Betrieb bis in jede Ecke und oft bis in eine weit zurückliegende Vergangenheit. Und sie wissen unzählige Tricks aus dem Organisations- und Versammlungswesen in Betrieb und Gewerkschaft. Es sind Tricks, welche die Bürokraten von Parteien und Gewerkschaft über kurz oder lang gegen dich anwenden werden.

Dafür soll ein Beispiel gezeigt werden. Es ist für eine Minderheit möglich, bei einer Wahl ihre Kandidaten gegen die Mehrheit durchzubringen. Natürlich nur, wenn die anderen diesen Trick nicht kennen. Damit muß man aber im Normalfall leider rechnen. Nehmen wir also an, daß in einem Gremium ein Kräfteverhältnis von 5:7 Stimmen besteht. Wenn jetzt beide Seiten ihren Kandidaten benennen und es wird gewählt, dann gewinnt die Mehrheit. Schlägt aber die Minderheit zusätzlich einen weiteren Angehörigen der Mehrheit als Kandidaten vor, und nimmt dieser – was gar nicht so selten vorkommt – die Kandidatur aus Dummheit oder aus Eitelkeit an, dann passiert folgendes: Die Minderheit stimmt geschlossen für ihren Kandidaten. Macht 5 Stimmen. Die Stimmen der Mehrheit aber verteilen sich auf zwei Kandidaten aus ihren Reihen. Erhält der eine 4 und der andere 3 Stimmen, dann hat die Minderheit mit ihren 5 Stimmen gewonnen.

Solche Tricks gibt es viele. Wenn es dir gelingt, dich rechtzeitig damit vertraut zu machen, kann man dich nicht aufs Kreuz legen.

Diese Aufbauphase, in der du noch auf dich allein gestellt bist, ist zweifellos der schwierigste Teil deiner Arbeit. Viele Kollegen und Genossen, die du gewinnen willst, sind verdrossen und mißtrauisch. Das ist verständlich, denn sie wurden mehrfach betrogen und ihr Vertrauen mißbraucht. Willst du sie trotzdem für eine Mitarbeit gewinnen, dann mußt du klare, nüchterne und einleuchtende Aussagen über Weg und Ziel der gemeinsamen Arbeit machen können. Deine Aussagen müssen ihrer (berechtigten!) mißtrauischen Kritik standhalten. Versuche nicht, jemanden zu beschwatzen. Wenn seine Mitarbeit lediglich darauf beruht, daß er nicht nein sagen mag, ist sie nicht von Dauer.

Ein überzeugendes Argument ist immer die von dir bereits begonnene Betriebsanalyse. Sie beweist den Genossen, daß deine Arbeit auf einer soliden Grundlage steht. Sie zeigt ihnen, wieviel brauchbare Informationen man erhält, wenn man systematisch sammelt und auswertet. Aus der Analyse ergeben sich immer Ansatzpunkte für eine sinnvolle gemeinsame Arbeit. Wenn du einem möglichen Genossen die Analyse zeigst, wird er sofort darin Lücken entdecken, die er – und manchmal nur er – ausfüllen kann. Und er wird das Bedürfnis haben, sie auszufüllen.

Das Interesse daran, die Analyse zu vervollständigen, kann eine erste, zaghafte Bereitschaft zur Mitarbeit begründen. Es ist ein ganz natürlicher Vorgang, daß jemand gern seine Fähigkeiten beweist. Zumal, wenn es sich um Fähigkeiten handelt, die sonst nicht gefragt sind. Dabei entsteht fast von selbst das Bestreben, sich demjenigen, der dieses Erfolgserlebnis ermöglicht, anzuschließen.

Ein weiteres überzeugendes Argument von dir wird ebenfalls einen Teil der anfänglichen Skepsis abbauen: Die Tatsache, daß du den Genossen glaubhaft versichern kannst, daß du sie nicht im Namen einer Organisation bevormunden willst. Daß du dich vielmehr mit ihnen gemeinsam gegen jede Art von Bevormundung stark machen willst. Vertrauen ist die wichtigste Voraussetzung für die Zusammenarbeit. Du hast keinen Anspruch darauf, daß die Genossen dir vertrauen. Du bist vielmehr verpflichtet, für sie vertrauenswürdig zu sein.

Wenn du ein paar Genossen gefunden hast, die mit dir zusammenarbeiten, so ist das die beste Art, dein Einzelkämpferdasein zu beenden. Es hätte auch auf andere Art beendet werden können: Wenn du grobe Fehler gemacht hättest, wärst du rausgeflogen aus dem Betrieb. Vielen Genossen geht es so. Daß du diese Klippe umschifft hast, ist ein guter Anfang und eine gute Voraussetzung für die weitere Arbeit.

Das selbsternannte Komitee

Du hast dich jetzt in »ihr« verwandelt. Ihr seid das, was man eine Betriebsgruppe nennt. Vor diesem Wort zittern Bosse, vor denen sonst ein Heer von Untergebenen zittert. Die Macher haben Angst vor ein paar kleinen Leuten. Weil diese selbständig zusammenarbeiten. Weil sie gemeinsam etwas tun, was ihnen nicht befohlen worden ist. Und weil sie nicht fragen, ob sie das Ungewöhnliche tun dürfen.

Trotzdem wird hier im weiteren das Wort Gruppe nicht benutzt, sondern durch »Komitee« ersetzt. Gruppen neigen dazu, sich gegenüber ihrer Umwelt zu verselbständigen und ein isoliertes Eigenleben zu entwickeln, in dem sie sich selbst genügen. Der sagenhafte Ruf, den die Betriebsgruppen genießen, ist nur einigen wenigen von ihnen zu danken. Denjenigen, denen es gelang, den engen Rahmen des typischen Gruppenlebens zu sprengen.

Ihr seid nicht irgendeine Gruppe von Leuten im Betrieb. Ihr seid Vorhut, Avantgarde. Ihr seid zwar ein Team, aber nur in dem Sinne, daß ihr euch als Teil einer größeren Gemeinschaft auffaßt. Sozusagen als Sauerteig: Man kann aus ihm kein Brot backen. Aber auch nicht ohne ihn.

Entsprechend dieser Existenz von zwei qualitativ und quantitativ verschiedenen Gemeinschaften, die doch eine Einheit bilden, hat eure Arbeit zwei Seiten, die einander bedingen: eine äußere und eine innere.

1. Struktur und Arbeitsstil des Betriebskomitees

Da das Brot ohne Sauerteig nicht zu backen ist, hat die langfristige Sicherung der Arbeit eures Komitees in jedem Falle Vorrang. Bedenkt, daß die Arbeit unter *allen* Umständen weitergehen soll. Auch wenn wir morgen plötzlich eine wie immer geartete Diktatur haben. Ein bruchloser Übergang in die Illegalität muß jederzeit ohne besondere Vorbereitungen möglich sein. Es kostet wertvolle Zeit, wenn das Komitee erst lange umgebaut werden muß, sobald eine kritische Situation eintritt. Es kann sogar Jahre kosten, wenn es unter Opfern zusammenbricht und nur zögernd und tastend wieder aufgebaut werden kann. Gestaltet deshalb eure Zusammenarbeit von vornherein so, daß sie durch äußere Ereignisse nicht so leicht zu erschüttern ist. Hier sind einige Gesichtspunkte, deren Beachtung euch dabei von Nutzen sein kann:

a. Kein Genosse darf offen als Mitglied des Komitees auftreten. Auch wenn in einem Fall alle im Betrieb es mit Recht vermuten: Die Zugehörigkeit zum Komitee darf niemals durch eigenes Eingeständnis nachgewiesen werden können. Das wird jeder im Betrieb verstehen, auf dessen Verständnis ihr Wert legt.

b. Es sollten keine größeren Veranstaltungen des Komitees stattfinden. Eine konspirative Durchführung solcher Versammlungen ist nicht zu gewährleisten. Versammlungen des Komitees sind Arbeitsbesprechungen. Aber in einem größeren Rahmen ist eine fruchtbare Diskussion organisatorischer oder theoretischer Probleme ohnehin kaum möglich. Was soll's also! Euch an der Zahl der Leute, die ihr zusammenkriegt zu berauschen oder damit zu prahlen, habt ihr nicht nötig. Ihr sollt ja nicht für eine Organisation etwas herzeigen.

c. Wie groß euer Komitee auch wird: Haltet eure regelmäßigen Zusammenkünfte mit nicht mehr als durchschnittlich fünf Genossen ab. Wenn ihr mehr werdet, untergliedert euch in Abteilungskomitees. Zur Not noch weiter. Jedes Komitee wählt einen Sekretär. Eine entsprechende Anzahl von Sekretären bildet das nächsthöhere (Leitungs-) Komitee. Und so weiter. Der Sekretär eines Leitungskomitees soll Mitglied, aber nicht Sekretär eines Basiskomitees sein. Niemand kann mehrere Funktionen gleichzeitig ordentlich ausüben.

d. Gebt euren Zusammenkünften einen privaten Rahmen. Die andere Möglichkeit wäre ein Versammlungslokal. Das wäre mit einem größeren Sicherheitsrisiko und mit der unvermeidlichen Stammtisch-Atmosphäre verbunden. Die scheinbar private Zusammenkunft hat mehrere Vorteile: Erstens sind private Zusammenkünfte von Arbeitskollegen so verbreitet, daß daraus schwerlich ein politisch-organisatorischer Zusammenhang nachgewiesen werden kann. Zweitens finden sie in einer ruhigen, ungestörten und der Arbeit zuträglichen Atmosphäre statt.

e. Laßt die im Normalfall vorhandenen (Ehe-) Partner der Genossen an den Zusammenkünften und an der Arbeit des Komitees teilnehmen. So etwas sollte selbstverständlich sein. Leider ist es das nicht. Dabei dient es nicht nur durch die Sicherung des häuslichen Friedens einer ungestörten Arbeit. Die nicht im Betrieb tätigen Ehepartner können zu überaus nützlichen Helfern des Komitees werden. Sie sind durch die Möglichkeit der Übernahme einer Reihe von speziellen Aufgaben nahezu unentbehrlich. Zum Beispiel bei Arbeiten, die während der Arbeitszeit, aber außerhalb des Betriebes erledigt werden müssen. Oder bei Arbeiten, bei der die Genossen Gefahr laufen, erkannt zu werden.

Durch diese Arbeitsweise ist es euch gleichzeitig möglich, die allgemein vorherrschende strenge Trennung von Arbeitswelt und Privatleben für euch selbst teilweise zu überwinden. Das ist vor allem deshalb wichtig, weil revolutionäre Arbeit zum großen Teil in der Freizeit stattfindet. Bei einer strengen Trennung beider Bereiche führt das häufig dazu, daß die revolutionäre Arbeit auf den Freizeitbereich beschränkt bleibt. Und damit ist man auf der bereits erwähnten »Idiotenwiese«.
Eine Beteiligung an revolutionären Aktionen im Freizeitbereich, an »Bürgerinitiativen« und dergleichen muß auch sein. Diese Aktionen haben meistens kommunalpolitischen Charakter. Ideal ist es, wenn sie in Verbindung mit der Betriebsarbeit durchgeführt werden können. Eine natürliche Voraussetzung dazu ist aber nur noch in kleineren Orten gegeben. Wo man in der Nähe seiner Wohnung arbeitet. Wo man als Nachbarn Arbeitskollegen hat, die man kennt.
Fehlt diese Voraussetzung, so ist die Verbindung nur schwer herzustellen. Auf keinen Fall solltet ihr als Betriebskomitee bei solchen Aktionen geschlossen und öffentlich auftreten. Zumal, wenn die Aktionen mit eurem Betrieb nichts zu tun haben. Ihr seid nicht berechtigt, als Betriebskomitee im Namen der Belegschaft eures Betriebes zu handeln.
Häufig sind solche kommunalpolitischen Aktionen mit großer Vorsicht zu genießen. Sie werden von Gruppen, Organisationen oder Parteien in Gang gebracht oder ausgenutzt. Mit dem ausschließlichen Ziel, dabei jeweils den Namen der eigenen Organisation herauszustellen und aufzuwerten. Was aus den betroffenen Menschen wird, um die die Aktion ging, oder ob euer Betriebskomitee dabei draufgeht, wenn es sich beteiligt, interessiert sie nicht. Für sie ist die Hauptsache, daß sie einen gewissen Prestigegewinn erzielen.
Deshalb seid vorsichtig. Wenn solche Aktionen auch

manchmal sein müssen, so bleiben sie doch zweitrangig. Wenn einzelne Genossen von euch sich von Fall zu Fall daran beteiligen, so ist dagegen nichts zu sagen. Es ist aber schädlich, wenn sie dabei im Namen eures Komitees oder gar der Belegschaft eures Betriebes auftreten. Politische Arbeit in der Freizeit soll der revolutionären Betriebsarbeit nützen. Nicht umgekehrt.

2. Rolle und Perspektive des Betriebskomitees

Wenn man sagt, die Aufgabe eures Komitees bestehe darin, die Belegschaft in den Kampf zu führen, so ist das nur bedingt richtig. Im revolutionären Kampf, der nach Marx »die selbständige Bewegung der ungeheuren Mehrzahl im Interesse der ungeheuren Mehrzahl« ist, gibt es eine Führung in dem Sinne, daß einige führen und die Übrigen gehorchen, nicht. Von einer führenden Rolle eures Komitees kann nur insofern die Rede sein, als es der Belegschaft Informationen und Ratschläge gibt. Ratschläge, die so vernünftig sind, daß sie freiwillig befolgt werden. Wohin es führt, wenn eine Organisation meint, auf eine führende Rolle einen Anspruch zu haben, ist bekannt. Es führt auf die andere Seite der Barrikade, zu den erwähnten Autoritäten, die sich von unten nicht in Frage stellen lassen wollen.
Ihr seid ein Teil der Belegschaft. Aber ein organisierter Teil. Selbständig organisiert: Ohne Vermittlung eines bürokratischen Apparates. Ohne an Weisungen gebunden zu sein. Die sich daraus ergebenden Vorteile sind ein zuverlässiges Informationssystem und die Möglichkeit gegenseitiger Hilfe. Diese Vorteile stellt ihr der ganzen Belegschaft als Dienstleistung zur Verfügung. Sie ist darauf angewiesen. Alle anderen helfen ihr nur zeitweise, nur teilweise und nie ohne eigennützige Hintergedanken.

Die Perspektive eures Komitees ist sozusagen düster: Je besser es arbeitet, desto schneller macht es sich selbst überflüssig. Ist eines nicht allzufernen Tages – mit durch eure Tätigkeit – eine revolutionäre Situation herangereift, dann schafft sich die Belegschaft eures Betriebes ihr eigenes »Komitee«. Selbstorganisation, Kommune, Räte oder wie immer man es nennen wird. Der Mitbestimmungszauber ist längst vergessen und es gibt Selbstbestimmung. Die Selbstverwaltungsorgane der Belegschaft bestehen dann, wenn ihr richtig gearbeitet habt, aus den Genossen eures Komitees. Das Komitee ist nicht mehr selbsternannt.
Damit ist eure Aufgabe vorerst erfüllt. Beziehungsweise sie geht auf einer anderen Ebene weiter. Es ist aber – wie die Geschichte zeigt – möglich, daß sich die Organe der siegreichen Revolution in ein neues Herrschaftssystem verwandeln (innere Konterrevolution). Dann kann es notwendig werden, daß ihr eure Arbeit als selbsternanntes Komitee wieder aufnehmt.

Die Vorbereitung des Kampfes

Ihr wollt nicht planlos drauflos wursteln, sondern wohlüberlegt arbeiten. Deshalb muß zunächst die im letzten Teil des zweiten Kapitels bereits erwähnte Betriebsanalyse aufgearbeitet und ausgewertet werden. Dabei sind die vorhandenen Daten nach Sachgebieten und innerhalb der Sachgebiete nach Wichtigkeit zu ordnen. Die Analyse kann nach folgenden, in zwei Bereiche getrennten Gesichtspunkten angelegt werden:

a. Im Bereich »Unternehmen« werden alle strukturellen und wirtschaftlichen Daten des Betriebes erfaßt, so weit sie zu erhalten sind. Dabei sind besonders die vom Betrieb herausgegebenen Publikationen (auch Werbematerial), sowie Veröffentlichungen und Anzeigen in Zeitungen zu beachten.
   Darüberhinaus sind vor allem Konzernverflechtungen und sonstige außerbetriebliche Einflüsse zu untersuchen. Ist das Unternehmen eine AG, dann werden Bilanzen veröffentlicht. Es ist möglich, daraus den im Betrieb erwirtschafteten Mehrwert zu errechnen. Das geschieht mit Hilfe einer externen Bilanzanalyse. Für dieses etwas schwierige Verfahren laßt ihr euch am besten durch befreundete Genossen die Hilfe eines Betriebswirtes vermitteln. Im Anhang zu diesem Buch erklärt Jörg Huffschmid die Grundlagen einer solchen Analyse und erläutert sie am Beispiel der Siemens-Bilanz.
b. Im Bereich »Belegschaft« sind alle sachlichen und personellen Daten festzuhalten, die das Leben im Betrieb und die Arbeit betreffen.
   Ferner sind gewerkschaftliche und parteipolitische Kräfte zu ermitteln, die in den Betrieb hineinwirken.

Wichtig ist außerdem, ob und in welchem Maße sich Berührungspunkte mit Belegschaften anderer Betriebe ergeben. Sei es durch Konzernverflechtung, Branchenzugehörigkeit oder einfach durch örtliche Nachbarschaft.

Verschiedene linke Verlage und Organisationen haben Fragebogen zur Betriebsarbeit herausgegeben (z. B. im Heft 21 der Zeitschrift »Kursbuch«). Diese eignen sich zum Teil recht gut als Anleitung und Grundlage für die Erstellung einer Betriebsanalyse. Sie werden meist auf Anforderung gern geliefert. Zum Teil sind sie auch im Buchhandel erhältlich.

Die Analyse ist eine solide Grundlage für eure Agitation. Im Bedarfsfall habt ihr durch sie für jedes im Betrieb auftretende Problem sofort Zahlen und Tatsachen zur Hand. Es ist ein großer Vorteil, wenn ihr nicht darauf angewiesen seid, daß sich jemand zufällig an etwas erinnert.

Wird die Analyse ordentlich geführt und systematisch ausgewertet, so vermag sie sogar noch mehr zu leisten. Sie ermöglicht es, günstige Ansatzpunkte für die Agitation zu entdecken. Und schwache Stellen beim Gegner, die sich dem flüchtigen Blick nicht sogleich offenbaren.

1. Bedeutung und Inhalt der Agitation

Die Agitation kann eine wirksame Verbindung zwischen eurem Komitee und der Belegschaft herstellen. Durch eine gute Agitation können Konflikte, aus denen sich ein Kampf entwickelt, ausgelöst (nicht hervorgerufen!) werden. Sie brechen zwar mitunter hier und da, früher oder später auch von selbst aus. Dabei handelt es sich aber zumeist um blinde, ungezielte Aktionen. Sie verlaufen schließlich erfolglos im Sande. Obwohl in der Regel etliche linke Organisationen sich dranzuhängen pflegen, um für sich etwas daraus zu machen. Ihr braucht auf solche sporadischen Ereignisse nicht zu warten. Mit Hilfe eurer Agitation seid ihr in der Lage, den Zufall zu steuern.

Das Ziel der Agitation ist (entgegen der landläufigen Auffassung) nicht, Wut hervorzurufen oder anzuheizen. Haß macht bekanntlich blind. Blinde müssen geführt werden und lassen sich bereitwillig führen. Ohne zu sehen, wohin.

Eure Agitation wendet sich an berechtigterweise unzufriedene Menschen. Sie soll ihnen die durch Vereinzelung entstandene Angst und Hoffnungslosigkeit nehmen. Das unterdrückte Selbstbewußtsein dieser Menschen soll geweckt werden. Dadurch sollen sie befähigt werden, selbständig und überlegt zu handeln. Mit kernigen Sprüchen, flammenden Aufrufen und in tierischem Ernst gehaltenen linken Phrasen ist das nicht zu machen.

Agitation ist ein Hilfsmittel zur Verwirklichung einer Strategie. Die meisten gängigen Strategien gehen davon aus, daß eine hinreichend große Zahl von Arbeitern sich den Befehlen einer bestimmten Organisation unterstellt. Dabei soll die Agitation möglichst viele Arbeiter dahingehend beeinflussen, daß sie sich freiwillig dieser Befehlsgewalt unterstellen. Hier wird aber von einer grundsätzlich anderen, geradezu entgegengesetzten Strategie ausgegangen. Dabei kommt selbstverständlich auch der Agitation eine vollkommen andere Aufgabe zu.

Zum ersten soll eure Agitation der Belegschaft »facts«, nackte, kommentarlose Informationen bekanntgeben. Hängt nach Möglichkeit gerade das an die große Glocke, was die Gegenseite gern verschweigen möchte. Alles, was geheimgehalten und vertuscht werden soll. Stellt bei jeder Gelegenheit Öffentlichkeit her, wo gemauschelt wird. Sagt alles, was »man nicht sagt«. Zum Beispiel Gehälter von leitenden Angestellten. Dabei sollte es ein von Anfang an selbstverständlich geübter Brauch sein, daß alles, was ihr als Komitee bekanntgebt, stimmt. Zum andern gebt ihr ironische, boshafte Kommentare. Ein bißchen satirisch. Euer Ziel ist dabei, Autoritäten im Betrieb zu verunsichern. Das geschieht am besten dadurch, daß ihr sie lächerlich macht und in Frage stellt. Sie leben davon, daß sie selbstverständlich sind und ernstgenommen werden. Da ist ihre empfindliche Stelle. Also nicht blinder Haß und Emotionen, sondern eher befreiendes Gelächter und ernstes Nachdenken sollen durch die Agitation ausgelöst werden.

2. Die Form der Agitation

Die wirksamste Form der Agitation ist natürlich das zur rechten Zeit gekonnt gesprochene Wort. Dabei kann sich aber der Sprecher nicht verstecken und ist deshalb unter Umständen gefährdet. Dieses Mittel kann also leider nur sparsam und in besonders günstigen Situationen benutzt werden.

Im Normalfall bedient ihr euch technischer Hilfsmittel. Ihr beginnt mit einzelnen Flugblättern, die sich zunächst jeweils nur mit einem einzigen Thema befassen. Dann laßt ihr sie häufiger erscheinen und verbreitert das Themenangebot. Wenn ihr dazu den Blättern einen gleichbleibenden einprägsamen Titel gebt, habt ihr so etwas wie eine Betriebszeitung.

Gibt der Betrieb seinerseits eine offizielle Firmenzeitung heraus, so müßt ihr selbstverständlich darauf eingehen. Diese Firmenzeitungen sind bei aller Aufwendigkeit meistens so plump gemacht, daß sie ein dankbares Objekt für Glossen sind. Außerdem eignet sich vielleicht eine Verballhornung ihres Titels als Titel für eure Zeitung. Beispiel: Die Hauniwerke in Hamburg-Bergedorf geben eine Firmenzeitung »Hauni-Glocken« heraus.

Dieser wurde von der ApO eine revolutionäre Betriebszeitung »Hauni-Klimbim« entgegengestellt.
Ihr solltet nicht den Ehrgeiz haben, eure Zeitung unbedingt regelmäßig und in aufwendigem Druck erscheinen zu lassen. Der Aufwand für eine großkotzig gedruckte Zeitung, die regelmäßig erscheint, ist nicht lange durchzuhalten. Sie ist keine Hilfe für euer Komitee, sondern das Komitee wird sehr bald ein Hilfsorgan für die Zeitung. Das Komitee würde daran kaputtgehen und die Zeitung würde sterben. Glaubwürdiger ist eine bescheidene Zeitung, die zuverlässig dann da ist, wenn sie gebraucht wird.
Verteilt wird die Zeitung vor dem Tor des Betriebes von betriebsfremden Genossen. Die Kosten für die Herstellung werden durch Umlage unter den Genossen aufgebracht. Manchmal kann man bei der Herstellung auch auf Hilfe von Außen zurückgreifen. Man muß dann nur darauf achten, daß keine Bedingungen bezüglich des Inhalts daran geknüpft sind. Ein Verkauf der Zeitung kommt erfahrungsgemäß nicht in Frage.
In manchen Betrieben steht ein Kopiergerät (Xerox oder ähnliches) halbwegs unkontrolliert zur Verfügung. Das ist natürlich eine ausgezeichnete Möglichkeit, subversive Informationen zu verbreiten. Bei einer gut aufeinander eingespielten Belegschaft genügt es, wenn ein Exemplar bei dem Gerät liegen bleibt. Jeder, der dorthin kommt, fertigt sich die für seine Abteilung benötigte Zahl von Kopien an. Vorgesetzte kommen selten dazwischen. Sie kopieren meistens nicht selbst, sondern ›lassen arbeiten‹.
Neben der »schweren Artillerie« (bedrucktes Papier) sollten in der Agitation auch die »Handfeuerwaffen« nicht vergessen werden: In jedem Industriebetrieb stehen für alle möglichen Zwecke Signierkreide, kräftige Filzschreiber und Signierfarbe zur Verfügung. Sie werden von der Belegschaft oft und gern zweckentfremdet

verwendet. Meistens für pornographische Versuche oder einfach für Blödeleien.
Diese Mittel lassen sich aber auch politisch einfach und wirksam benutzen. Vor allem zur Verunsicherung von Autoritäten. Es ist zum Beispiel sehr wirkungsvoll, wenn ein besonders unfallgefährdeter enger Weg nach dem Namen des zuständigen Meisters oder Sicherheits-Ingenieurs benannt wird. Wenn dort eines Morgens an allen möglichen Stellen »Klaus-Hansen-Gasse« angeschrieben steht, ist was los im Betrieb. Auch von unbeliebten Vorgesetzten oft benutzte Redensarten und bevorzugte Schimpfworte – in vielen Abwandlungen überall angeschrieben – tun ihre Wirkung. Es kommt bei dieser Methode, wie überall, auf den Einfallsreichtum an. Die Belegschaft hat ihn. Man muß ihn nur wecken. Dann läuft es von selbst.

3. Die Wirkungsweise der Agitation

Auf welche Weise gut gemachte Agitation wirkt, soll an einem Beispiel, einem »Planspiel«, verdeutlicht werden.
Eure Zeitung prangert einen im Betrieb bestehenden Mißstand oder einen Vorfall an. Dabei braucht es sich gar nicht um eine echte »Enthüllung« zu handeln. Es kann durchaus eine Sache sein, die jeder weiß, über die sich aber niemand mehr aufregt. Weil »es ja doch keinen Zweck« hat. Ihr zeigt die Ursache des Mißstandes auf. Nennt den dafür verantwortlichen Vorgesetzten beim Namen. Und verziert das ganze vielleicht noch mit einer kleinen Karikatur. Nun setzt folgender Mechanismus ein:
Der betreffende Vorgesetze kann sich kaum noch sehen lassen. Jeder hat den Artikel über ihn gelesen. Das weiß er. Jeder nimmt an, daß er selbst ihn ebenfalls gelesen hat. Das weiß er auch. Und jeder weiß, daß er das weiß.
Er kann sich zwar kaum sehen lassen, er kann sich aber

erst recht nicht drücken. Er muß sich sehen lassen, um seinen Aufgaben als Vorgesetzter nachzukommen. Es ist sofort eine gespannte Atmosphäre da. Überall, wo er vorbeigeht, wird hinter seinem Rücken getuschelt und gefeixt. Das merkt er. Hier und da wird er frech angegrinst, oder bekommt gar anzügliche Bemerkungen zu hören. Er ist gereizt. Bei der nächsten Gelegenheit wird er die Beherrschung verlieren und anfangen zu brüllen. Da seine Autorität aber schon angeknackst ist, wird er dadurch nicht wie sonst einschüchtern können. Voraussichtlich erntet er Hohn und offenes Gelächter.

In der um eine solche Szene sich unweigerlich bildenden Zuschauergruppe ist – zumal, wenn einer eurer Genossen sich darunter befindet – eine Solidarisierung unschwer zu erreichen. Ein kluger Vorgesetzter hätte jetzt den angeprangerten Mißstand sofort abgestellt und ein paar passende Worte dazu gesagt. Auch dann wäre die Agitation erfolgreich gewesen: Was scheinbar »keinen Zweck« hatte, wurde ermöglicht. Durch die Initiative eurer Betriebszeitung wurde die Mauer der Resignation durchbrochen.

Aber – wo gibt es schon kluge kleine Vorgesetzte! Wenn es erst zur offenen Solidarisierung gekommen ist, dann ist es für den angegriffenen Vorgesetzten zum Einlenken zu spät. Eine kluge Betriebsleitung würde ihn jetzt aus dem Verkehr ziehen und den Mißstand von sich aus beseitigen lassen. Dann war der Erfolg der Agitation noch größer. Aber – wo gibt es schon kluge Betriebsleitungen! Im Normalfall hat die Aufrechterhaltung der Autorität Vorrang. Man läßt es auf eine Kraftprobe ankommen. Dann war die Agitation ein voller Erfolg.

Der Konflikt ist ausgebrochen. Der latente Widerspruch ist manifest geworden. Der Kampf ist da. Sein Ausgang hängt von eurer Geschicklichkeit ab. Davon, ob ihr in der Lage seid, ihm die rechte Pflege angedeihen zu lassen, sprich: den Kampf zu führen.

Die Führung des Kampfes

Das Ziel in einer so kleinen Auseinandersetzung kann realistischerweise nicht eine nachhaltige Verbesserung der objektiven Lage der kämpfenden Kollegen sein. Es geht dabei vielmehr um ihre subjektive Lage. Diese ist nur durch ein Erfolgserlebnis zu verbessern. Es soll ihnen die Erfahrung vermitteln, daß sie durch gemeinsames Handeln etwas erreicht haben.
Erreichbar ist selbstredend nur ein konkretes Ziel. Aufrufe zum Kampf »gegen die revisionistische Verräterclique«, »für die Zurückdrängung der Macht der Monopole«, »gegen die reformistischen Gewerkschaftsbonzen« oder »für die Einheit der Arbeiterklasse gegen den Imperialismus« sind absolut unsinnig. Selbst wenn sie theoretisch haltbar wären, könnte niemand etwas mit ihnen anfangen.

1. Die Bedeutung der zunächst niedrigen Forderung

Das konkrete Ziel eines Kampfes wird als Forderung formuliert. Die Forderung wird von den Sprechern der Belegschaft formuliert und vorgetragen. Also von euch, wenn alles stimmt. Aus den bereits in der Einleitung erwähnten Gründen ist die Forderung zunächst möglichst niedrig anzusetzen. Es muß offensichtlich sein, daß der Betrieb sie eigentlich leicht erfüllen könnte. Und daß ihre Verweigerung ein großes Unrecht ist.
Es ist übliche (und üble) Praxis, Forderungen so hoch anzusetzen, daß bei dem zu erwartenden Kompromiß das ursprünglich stillschweigend gesetzte Ziel als Verhandlungsergebnis herauskommt. Namentlich bei Lohnkämpfen wird das so gemacht. Das mag gerade noch

angehen, wenn ohne Kampf verhandelt wird. Wenn aber ein bewußt herbeigeführter Kampf einen Sinn haben soll, dann muß er bis zum siegreichen Ende ausgetragen werden.

Andernfalls sieht das Ergebnis so aus: Die Forderung ist zwar teilweise erfüllt; dafür sind aber diejenigen, die sich hervorgetan haben, geflogen. Dann ist der Kampf am Ziel vorbeigegangen. Das Ziel war ja nicht nur der Inhalt der Forderung, sondern das Erfolgserlebnis, sie durch gemeinsames Handeln durchgesetzt zu haben. Jetzt aber ist das Ergebnis des Kampfes eine negative Erfahrung. Für ein im Grunde läppisches Zugeständnis muß ein viel zu hoher Preis bezahlt werden. Von einigen. Die Folge ist Angst davor, so etwas noch einmal zu tun. Beim nächsten mal könnte es einen ja selbst treffen.

Dieser Fall tritt häufig ein, wenn die Anfangsforderung zu hoch war. Sie ist auf jeden Fall zu hoch, wenn es der Gegenseite gelingt, sie der erreichbaren und an dem Fall interessierten Öffentlichkeit als unverschämt darzustellen. Es ist hingegen leicht möglich, die Anfangsforderung so zu formulieren, daß ihre Erfüllbarkeit offensichtlich ist. Dann setzt die Gegenseite sich sofort offen ins Unrecht, indem sie die Erfüllung lediglich aus Prestigegründen verweigert.

Dann werden die Kämpfenden von einer selbstbewußteren Position aus handeln können. Angesichts der schreienden Ungerechtigkeit wird es dann auch viel leichter zu einer weitergehenden Solidarisierung kommen, zu einer Ausweitung des Kampfes. Dann kann die Forderung erhöht werden. Auf ein Niveau, das vorher unrealistisch gewesen wäre.

Sicher wird man nie ganz ohne vorläufige Kompromisse auskommen. Aber die Notwendigkeit, sich einem Kompromiß zu beugen, steht in direktem Zusammenhang mit der Kampfbereitschaft *und* mit einer vertretbaren

Höhe der Forderung. Die alte Art süßsauer-lächelnder Kompromißbereitschaft sollte überwunden werden. Es muß immer mehr deutlich gemacht werden, daß es ein Kompromiß ist, wenn unter den Bedingungen des herrschenden Systems überhaupt gearbeitet, wenn es vorläufig noch geduldet wird.

2. *Die Ausweitung des Kampfes*

Das Ausmaß des begonnenen Kampfes hängt zunächst davon ab, auf welcher Stufe in der Hierarchie des Betriebes der Angegriffene steht. Es solidarisieren sich diejenigen, die ihm unterstehen. In dem im dritten Teil des vierten Kapitels als Beispiel konstruierten Fall wäre die Anfangsforderung die – inzwischen, durch das allgemeine Interesse aufgewertet, eigentlich selbstverständliche – Beseitigung des angeprangerten Mißstandes.
Je nachdem, wie weit es gelingt, auch in benachbarten Bereichen des Betriebes eine Solidarisierung herbeizuführen, kann die Forderung sukzessiv höhergeschraubt werden. Die Skala der möglichen Forderungen reicht von einer förmlichen Entschuldigung des betreffenden Vorgesetzten über seine Ablösung bis zum Angriff auf die höheren Stellen, die ihn zunächst gedeckt haben. Die Maximalforderung ist, daß die Belegschaft das Management einfach beiseite schiebt, den Betrieb übernimmt und in eigener Regie weiterführt.
Eine stufenweise Erhöhung der Forderung darf stets erst dann erfolgen, wenn sich die Front derjenigen, die sich solidarisiert haben, verbreitert hat. Zwischen der Erhöhung der Forderung und der vorhergegangenen Erhöhung der Zahl der Kämpfenden muß ein offenkundiger Zusammenhang bestehen. Die andere Seite kann sich dann schnell ausrechnen, daß Nachgeben billiger ist. Denn am Ende dieser Kette von Ursache und Wirkung

steht möglicherweise ein die ganze Gesellschaft erfassender Kampf mit der Forderung nach Sturz des herrschenden Systems.

Wenn ihr also in die Lage kommt, einen Kampf zu führen, dann macht der Gegenseite das Nachgeben leicht. Die Chance für einen Sieg ist dann doppelt groß, weil auch die Gegenseite Nutzen daraus zieht. Sie läßt es sich gern etwas kosten, daß der Arbeitsfrieden möglichst schnell wieder hergestellt wird. Die wegen eines kleinen Sieges, den sie selbst errungen haben, zufriedenen Kollegen arbeiten nachgewiesenermaßen besser. Der Profit ist also gesichert.

Aber die Kollegen werden nicht so sein wie vorher. Ihr Bewußtsein hat sich entwickelt. In einem Ausmaß, wie es durch jahrelange Belehrung nicht möglich gewesen wäre. Das ist eine gute Voraussetzung für künftige größere Kämpfe.

Die Nachbereitung des Kampfes

Das Ergebnis des siegreichen Kampfes ist nicht nur die durchgesetzte Forderung. Viel größere Bedeutung hat das gestärkte Selbstbewußtsein und die stattgefundene Solidarisierung. Durch letztere kann auch ein scheinbar kleiner Sieg ein sehr großes Gewicht erhalten. Wenn die Solidarisierung langfristig erhalten bleiben soll, muß sie aber in der Folge des Kampfes in eine organisatorische Form umgesetzt werden.

Gelingt das, so können nachfolgende Kämpfe, auf dem Erreichten aufbauend, bereits auf einer wesentlich höheren Ebene stattfinden. Das betrifft sowohl den Inhalt der Forderungen, als auch die Form und das Ausmaß des Kampfes. Gelingt es jedoch nicht, so versanden die Ergebnisse. Der stattgefundene Kampf wird im täglichen Einerlei des Arbeitslebens bald zur blassen Erinnerung. Das machen normale Kollegen bestenfalls zweimal mit. Dann sind sie enttäuscht und sagen mit Recht, daß es nicht viel Zweck hat.

Selbst wenn es gelingt, später aufs neue andere Kollegen oder gar eine neue Generation zu mobilisieren, muß dann doch immer wieder beim Nullpunkt angefangen werden. Der Kampf findet stets auf dem gleichen niedrigen Niveau statt. Das Ergebnis wäre schließlich eine allgemeine Resignation. Das zu vermeiden, muß der Kampf ebenso sorgfältig nachbereitet werden, wie er vorbereitet worden ist.

1. Organisation als Frucht des Kampfes

In Organisation umgesetzte, dauerhaft gemachte Solidarisierung ist das, was Dutschke »Selbstorganisation der lohnabhängigen Massen« genannt hat. Diese Selbstorganisation kann nicht vor dem Kampf »gemacht« werden. Andererseits ist sie die wichtigste Voraussetzung für den endgültigen Sieg. Erfolgreiche größere Kämpfe sind ohne sie nicht denkbar. Sie sind immer eine Organisationsfrage.

Die Selbstorganisation entsteht aus den ersten kleinen Kämpfen als deren Ergebnis. Sie wächst in den folgenden, größeren Kämpfen und festigt sich als deren Ergebnis. Sie ist die Voraussetzung für die Revolution und wird in deren Verlauf allumfassend. In der Revolution ist sie dann so stark geworden, daß sie mit der gesellschaftlichen Organisation, der »Assoziation freier Individuen« identisch ist. So ist es denkbar.

Man kann davon ausgehen, daß es rudimentäre Elemente von Selbstorganisation durchaus gibt. Nur sind sie in ihrer heutigen Form kaum noch als solche zu erkennen. Die Gewerkschaften sind ursprünglich als organisatorisches Ergebnis stattgefundener Kämpfe entstanden. Es ist noch heute zu beobachten, daß sie jeweils dort am stärksten sind, wo gerade Kämpfe stattgefunden haben.

Auch die Betriebsräte sind, wenngleich nicht viel mehr als der Name erhalten geblieben ist, Überreste der einst in der November-Revolution entstandenen Arbeiterräte. Sie wurden gebildet, weil die ursprünglich vorhandene Selbstorganisation, die Gewerkschaft, sich in der Revolution ihrer Aufgabe entzog. Sie sollten an deren Stelle treten. Das sich daraus ergebende Konkurrenzverhältnis, eine Art Doppelgleisigkeit, ist bis heute noch nicht ganz überwunden. Dieses alte Problem stellt sich immer wieder neu.

2. Alte und neue Organisation

In der Praxis hat sich die Tendenz herausgebildet, bei spontan ausbrechenden Arbeitskämpfen die vorhandenen Organisationen oder Organe (Gewerkschaft, Betriebsrat) »rechts liegen zu lassen«. Es werden dann neue, eigene Führungs- oder Koordinationsorgane (Streik-Komitee) gebildet. Das ist dann – und *nur* dann – richtig, wenn die vorhandenen Organe sich ihrer Aufgabe entziehen. Wenn sie die Führung des Kampfes ablehnen. Der eigentlich paradoxe Fall, daß gewählte Vertreter etwas anderes meinen, als ihre Wähler, ist leider recht häufig. Es muß aber nicht so sein. Der dafür meistens angegebene Grund (Friedenspflicht) ist nicht stichhaltig. Ein Betriebsrat z. B. kann – entgegen der üblichen Auffassung – durchaus seiner Friedenspflicht formell genügen und trotzdem einen Kampf organisieren und führen. Es ist denkbar, daß er einen Aufruf etwa folgenden Inhalts erläßt:

> Wir haben erfahren, daß ihr heute spontan die Arbeit niederlegen wollt. Wir werden versuchen, mit der Direktion über eure Forderungen zu verhandeln. Wartet das Ergebnis der Verhandlungen ab. Verschiebt den Beginn des geplanten Streiks zunächst auf morgen früh!

Damit hat der Betriebsrat für morgen früh zum Streik aufgerufen. Er kann aber unwiderlegbar behaupten, er hätte das nur getan, um Zeit zu gewinnen. Um im Interesse des Betriebsfriedens den Streik für heute zu verhindern. Der Vorwand, man habe sich an die Spitze einer Bewegung nur deshalb gestellt, um »das Schlimmste zu verhindern«, um »die Sache nicht radikalen Elementen zu überlassen«, ist glänzend. Denn bei jedem Kampf versuchen Handlanger der Gegenseite, genau das zu tun. Häufig geben sich Betriebsräte oder Gewerkschaftsfunktionäre dafür her. Es gilt nicht als »unrechtmäßig«.

Letztlich ist das aber keine juristische Frage, sondern eine Frage der Kraft. War der Kampf siegreich, dann werden auch diejenigen, die sich hervorgetan haben, im Betrieb bleiben. Gleichgültig, ob sie schon früher oder erst während des Kampfes von der Belegschaft gewählt worden sind, ob sie für eine alte oder für eine neue Form von Selbstorganisation sprechen. Endete der Kampf hingegen mit einer Niederlage, dann kommt das große Reinemachen. Es werden alle gefeuert, die der Gegenseite mißliebig sind. Gleichgültig, ob sie etwas mit der Führung des Kampfes zu tun hatten oder nicht.
Es muß – wie gesagt – nicht sein, aber es kommt immer wieder vor, daß sich die gewählten »Vertreter« der Belegschaft auf die andere Seite der Barrikade stellen. Sie versuchen oft, jede Art von Kampf zu verhindern oder sich herauszuhalten. Dann ist es zweifellos richtig und wichtig, daß sich die kämpfende Belegschaft von ihnen trennt. Dann muß man provisorische eigene Kampforgane bilden. Dazu bedarf es einer Initiative. Diesen Vorschlag zum richtigen Zeitpunkt zu machen und mit Rat und Tat dabei zu helfen, ist die Aufgabe eures Komitees.

3. Für oder gegen die bestehenden Gewerkschaften

Ansätze (oder auch Reste) von Selbstorganisation sind immer Elemente von Gegenmacht. Sie stellen das herrschende System potentiell in Frage. Dabei ist es zweitrangig, in welcher Form sie auftreten und unter welchem Namen. Ob es sich um während des Kampfes improvisierte neue Organe handelt oder um alte Organisationsformen, die durch den Kampf neu belebt wurden. Es kommt auf den Inhalt an. Dabei ist es nicht immer richtig, provisorische Kampforgane nach Beendigung eines Kampfes unbedingt beibehalten zu wollen.

Der Versuch, sie künstlich am Leben zu erhalten, sie parallel zu den herkömmlichen Organisationen oder gar in Konkurrenz zu ihnen arbeiten zu lassen, ist in der Regel zum Scheitern verurteilt. Ein als Kampforgan gebildetes Streik-Komitee wird gegenüber Betriebsrat und Gewerkschaft auf deren ureigenstem Gebiet, dem täglichen Kleinkrieg, bald unterliegen. Nicht zuletzt deshalb, weil ihm deren routinierte Verwaltungstaktik fremd ist.

Das Problem ist am besten dadurch zu lösen, daß im Zeitraum einer Kampfpause die neuen Organe personell an die Stelle der alten gesetzt werden, nicht daneben. Versagt hat in einem Kampf nicht der Betriebsrat oder die Gewerkschaft als solche. Versagt haben vielmehr die Personen, die auf den entsprechenden Posten saßen. Aber nicht als Personen, sondern als Vertreter einer bestimmten Strategie. Sie müssen abgelöst werden. Aber mit neuen Personen und einer neuen Strategie muß auch ein neuer Arbeitsstil in die Funktionen einziehen. Die neuen Leute fassen sich nicht mehr als »Vertreter« der Belegschaft auf, sondern sie organisieren deren Selbsttätigkeit.

Die Ablösung gestaltet sich allerdings oftmals schwierig. Die alten Funktionäre sitzen auf ihren Posten nicht als Einzelpersonen, sondern sie werden vom Gewerkschaftsapparat gestützt. In Verbindung mit diesem gehören sie (meistens) einer vom SPD-Apparat gesteuerten Fraktion an, die aber nicht als solche in Erscheinung tritt. Sie hat es gar nicht nötig, als Fraktion aufzutreten. Sie ist in den Gewerkschaftsapparaten ganz einfach unter sich. Das ist so, weil sie dort als einzige organisierte Kraft arbeitet.

Dagegen ist natürlich von Einzelnen mit noch so viel gutem Willen nichts auszurichten. Durch organisierte Gegenmaßnahmen kann die selbstverständlich erscheinende Vorherrschaft dieser Fraktion jedoch erschüttert werden. Es gibt eine Reihe von Beispielen, die zeigen, daß das sehr wohl möglich ist. Man darf sich dabei aber nicht auf ihre Ebene begeben, »in ihre Haut schlüpfen«. Wenn man sich darauf beschränkt, sie auf manipulierten Kongressen durch Kampfabstimmungen mit Hilfe von Zufallsmehrheiten zurückzudrängen, wird das Ergebnis sehr fragwürdig sein.

Wir haben in unserem Kampf gegen die Bürokraten einen Vorteil, den sie selbst niemals erlangen können. Unsere Stärke liegt im Zusammenwirken der beiden Faktoren Organisiertheit und Spontaneität. Dieser Erscheinung stehen die Bürokraten in Parteien und Gewerkschaften ebenso hilflos gegenüber, wie das herrschende System. Sie haben eine höllische Angst vor irgendwelchen spontanen, selbständigen Massenaktionen, die ihrer Kontrolle entgleiten.

Der auf selbständige, koordinierte Massenaktionen gestützten Organisationsarbeit, bzw. der durch koordinierende organisatorische Maßnahmen vor Isolierung und Wirkungslosigkeit geschützten selbständigen Massenaktion ist auch der bestgeölte Apparat nicht gewachsen.

Wenn überhaupt, dann ist es auf diesem Wege möglich, die organisierte Arbeiterbewegung, namentlich die Gewerkschaften, wieder zu dem zu machen, als was sie in bester Absicht gegründet wurden: Hilfsorgane zur Koordinierung und Organisierung des Kampfes ihrer Mitglieder, »Selbstorganisation der lohnabhängigen Massen«.

Es ist also unsinnig, die Gewerkschaften rundweg abzulehnen. Nicht weniger unsinnig ist es jedoch, sie vorbehaltlos zu bejahen oder übernehmen zu wollen. Es gibt Kräfte, die die Gewerkschaften, so wie sie sind, der SPD »ausspannen« möchten, um sie für ihre eigenen Zwecke »einsetzen« zu können. Nahezu jeder linke Verein – bis hin zur KP – träumt davon.

Die Bürokraten in den Apparaten betrachten die Gewerkschaften als ein Werkzeug. Wie das herrschende System seine Armee. Sie haben es geschafft, die Gewerkschaften »umzufunktionieren«. Niemand denkt, wenn er »Gewerkschaft« hört, an kämpfende Arbeiter. Jeder denkt zunächst an ein Bürohochhaus. Das Gewerkschaftshaus ist nicht – wie Bebel bei der feierlichen Einweihung des Gewerkschaftshauses in Hamburg sagte – eine »Waffenschmiede der Arbeiterklasse«. Es ist vielmehr – wie die Arbeiter sagen – ein »Bonzenaquarium«. Um das zu ändern, genügt es nicht, den Apparat auszuwechseln. Die Gewerkschaften müssen vielmehr »zurückfunktioniert« werden.

4. Der innere Feind

Auf das Problem des Verhältnisses zwischen Parteien und Gewerkschaften in der traditionellen Arbeiterbewegung, sowie auf die Beziehung zwischen Kader- und Massenorganisation soll in Kürze in einer gesonderten Schrift ausführlicher eingegangen werden*. Das Thema »Organisationstheorie« ist für den Rahmen dieser Schrift zu umfangreich. Von dem Gebiet hier nur eine kurze Warnung zur Pflege des notwendigen Mißtrauens.

Die Hauptamtlichkeit der Organisationsapparate ist zweifelsohne die wesentliche Ursache für das Versagen der traditionellen Arbeiterbewegung. Von fremdfinanzierten Organisationen wird hier ganz abgesehen. Dazu gehören heute alle Parteien. Organisationen, deren Apparat für die Mitgliedschaft finanziell untragbar ist, kann man nicht mehr zur Arbeiterbewegung zählen.

Doch selbst in Bezug auf die Gewerkschaften wäre es heute unrealistisch, wollte man fordern, daß die hauptamtlichen Apparate abgeschafft werden sollen. Es muß aber etwas getan werden, ihren Einfluß zu beschränken.

* siehe ›Organisieren oder organisiert werden . . .

Dazu eignet sich die Forderung, daß Gewerkschaftsfunktionäre nicht mehr verdienen sollen, als den Tariflohn, den sie für ihre Kollegen aushandeln. Außerdem sollen die Mitglieder genau erfahren, wieviel ein Funktionär verdient. Dieser Verdienst liegt heute offenbar jenseits der Anständigkeitsgrenze; denn die Funktionäre schämen sich, ihn den Mitgliedern zu nennen.

Der Gewerkschaftsbeitrag diente ursprünglich der Bildung eines Kampf-Fonds. Wenn einer sich von diesem Geld ein flottes Leben machte, wurde das Unterschlagung genannt und entsprechend geahndet. Heute leben die Gewerkschaftsfunktionäre alle »standesgemäß«. Dieser Tatbestand wurde legalisiert und wird nicht mehr Unterschlagung genannt.

Seid mißtrauisch! Der hauptamtliche Funktionär fühlt sich als »Manager«. Er denkt und gibt sich wie ein richtiger Manager. Was er tut, tut er für seine Karriere. Dafür steht er unter Leistungsdruck. Wie jeder Manager. Seine Leistung: Das Vertrauen der Mitglieder erhalten, Argwohn und Mißtrauen einschläfern und Kritik am Apparat abwürgen.

Er tut es angeblich für die Organisation: Mehr Mitglieder, mehr Beiträge, mehr Einfluß für die Organisation. In Wirklichkeit heißt das: Mehr Ansehen, mehr Privilegien, mehr Macht für ihn und die übrigen Mitglieder des hauptamtlichen Apparates. Macht. Wessen Macht – und worüber?

Die Gewerkschaftsführung soll die Macht der Mitglieder gegenüber dem herrschenden System verkörpern. Tatsächlich verkörpert sie aber Macht über die Mitglieder. Für das herrschende System. Sie ist ein Teil des herrschenden Systems geworden. Sie faßt sich eingestandenermaßen als »Ordnungsfaktor« auf, als Stütze der Gesellschaft.

Die Macht der Führung über die Mitglieder, von denen sie eigentlich abhängig ist, beruht auf manipuliertem

Vertrauen. Dafür wird der hauptamtliche Funktionär bezahlt. Das ist sein Job. Er hat dafür zu sorgen, daß dieses blinde Vertrauen erhalten bleibt. Mit allen Mitteln. Wenn es sein muß, mit List und Betrug. Aufmerksame, mißtrauische Mitglieder gefährden diese Macht.

Man wird noch eine Weile mit hauptamtlichen Funktionären in den Gewerkschaften leben müssen; vertrauen muß man ihnen nicht. Der hauptamtliche Funktionär soll Diener seiner Organisation sein. Erfahrungsgemäß versucht er, sich zum Herrn aufzuschwingen. Sobald man ihm vertraut, entzieht er sich der Kontrolle. Deshalb ist es richtig und notwendig, dagegen die Losung zu verbreiten:

Trau keinem, der dafür bezahlt wird!

Jörg Huffschmid
Die Bilanzanalyse

Instrument zur Aufdeckung der Ausbeutung und des Profits

I. Nutzen und Beschränkung der Bilanzanalyse

Die politische Arbeit im Betrieb, insbesondere die Agitation und Propaganda in Betriebszeitungen und Flugblättern sowie das Auftreten auf Betriebsversammlungen erfordern die Sammlung und richtige Auswertung möglichst vieler und genauer Informationen über die Betriebe und Unternehmen selbst. Hierzu gehören neben den Berichten über die Vorgänge in den einzelnen Werken, Hallen und Abteilungen auch die Bearbeitung des Materials, das die Kapitalisten selbst veröffentlichen, also der Unterlagen für Pressekonferenzen und vor allem der *Geschäftsberichte*, die alle Aktiengesellschaften und großen GmbHs jedes Jahr veröffentlichen müssen und die über den Verlauf des Geschäfts innerhalb eines Jahres bestimmte Auskünfte geben.
Diese Geschäftsberichte enthalten neben der allgemeinen Berichterstattung über die wirtschaftliche Lage des Unternehmens regelmäßig eine *Bilanz* (die Aufstellung aller Vermögenswerte und Verbindlichkeiten), sowie eine *Gewinn- und Verlustrechnung* (grob gesagt: eine Aufstellung über die Ausgaben und Einnahmen des Unternehmens in einem Jahr).
Diese Gewinn- und Verlustrechnung ist der wichtigste Ausgangspunkt für die Untersuchung der wirtschaftlichen Lage des Unternehmens, der Ausbeutung der Arbeiterklasse und des Profits der Kapitalisten. Im folgenden soll gezeigt werden, wie man die in der Gewinn-

und Verlustrechnung gegebenen Zahlen bearbeiten muß, damit man durch das offizielle Blabla der Kapitalisten hindurch der Wirklichkeit des kapitalistischen Produktionsprozesses näherkommt.

Die Notwendigkeit, die *offiziellen Zahlen zu bearbeiten und zu korrigieren,* folgt aus der Tatsache, daß die Geschäftsberichte nicht für die Arbeiter, sondern für die anderen Kapitalisten und für die Gläubiger – vorwiegend die Banken – gemacht werden. Sie sollen den Arbeitern die Wirklichkeit der kapitalistischen Ausbeutung und Profitmacherei nicht klarmachen, sondern gerade vernebeln. Dieser Zweck der offiziellen Geschäftsberichte zwingt uns, grundsätzlich mißtrauisch an alle Zahlen heranzugehen und zu prüfen, ob beispielsweise Posten, die offiziell als Kosten auftauchen und also die Gewinne verkleinern, nicht in Wirklichkeit gar keine Kosten sind, sondern Gewinnteile, die den offiziell angegebenen Gewinn – und damit auch die zu zahlenden Steuern – verkleinern.

Es muß uns aber angesichts der Verschleierungsmöglichkeiten der Kapitalisten klar sein, daß der Stellenwert einer solchen Untersuchung nicht überschätzt werden darf. Was sie leisten kann, ist eine ungefähre Übersicht über die Entstehung des Neuwerts, die Verteilung dieses von den Arbeitern in einem Jahr geschaffenen Neuwerts zwischen Arbeiter, Angestellte und Kapitalisten. Es ist deswegen auch wichtig, derartige Untersuchungen *für mehrere Jahre* zu machen, um damit auch die Verschiebung in der Verteilung des Neuwertes festzustellen. Sie kann andererseits nichts über die konkreten Arbeitsbedingungen in den Fabriken aussagen. Die Bilanzanalyse – genauer: die Analyse der Gewinn- und Verlustrechnung – stellt das *Ergebnis* der Ausbeutung in den Fabriken fest, sie sagt nichts über die *Methoden* der Ausbeutung.

II. Was wollen wir wissen und wie erfahren wir es?

Unser Interesse an der Bilanzanalyse ist ein anderes als das der Kapitalisten. Uns interessiert nicht die finanzielle Basis, die ausgeschüttete Dividende (die ein *willkürlich* festgelegter Teil des Profits ist) und auch nicht das Lamentieren über die schon wieder gestiegenen Personalkosten, das dazu dienen soll, jedermann davon zu überzeugen, daß im kommenden Jahr keinesfalls höhere Löhne gezahlt werden könnten.
Uns interessiert für unsere Arbeit erstens der Grad, in dem die Arbeiter ausgebeutet werden und zweitens der Profit der Kapitalisten.
Um hierüber etwas zu erfahren, müssen wir zunächst fragen:

1. Was haben die Arbeiter in einem Jahr an Werten geschaffen?

Um das herauszufinden, gehen wir von der *Gesamtleistung* aus, die in der Gewinn- und Verlustrechnung angegeben wird und sich zusammensetzt aus:
- Umsatzerlösen
- Veränderungen des Bestandes
- »anderen aktivierten Eigenleistungen« (d. h. solchen Produkten, die das Unternehmen zwar herstellt, aber nicht verkauft, sondern in der eigenen Produktion einsetzt).

Von dieser Gesamtleistung ziehen wir ab:
- die Kosten für Rohstoffe, Material, Energie (Strom, Gas) und von anderen halbfertigen Produkten, die von anderen Firmen gekauft und in der eigenen Produktion verarbeitet wurden;
- die Kosten für die Abnutzung der Maschinen und Gebäude während des betreffenden Jahres, die sogenannten Abschreibungen, wobei wir davon ausgehen müssen, daß diese Kosten in der Gewinn- und Ver-

lustrechnung viel höher angegeben werden, als sie in Wirklichkeit sind. Ein Teil des Gewinnes wird also hier versteckt, und um ihn wieder zum Vorschein kommen zu lassen, lassen wir nur einen Teil – es handelt sich in der Regel um 50 % – der normalen Abschreibungen (und nichts von Sonderabschreibungen) als echte Kosten gelten.

Zu dem sich nach diesem Prozeß ergebenden Restbetrag müssen wir noch die in den offiziellen (Netto) Zahlen nicht enthaltene Mehrwertsteuer hinzuzählen, die vom Kapitalisten gezahlt wurde.

Die Mehrwertsteuer ist ein Teil des neugeschaffenen Wertes, der an den Staat abgeführt werden muß – wofür sich der Kapitalist allerdings schadlos hält, indem er diesen Betrag auf die Verkaufspreise seiner Waren aufschlägt. Wenn wir aber die Höhe des neugeschaffenen Wertes wissen wollen, müssen wir diese Mehrwertsteuer hinzuzählen.

Als Ergebnis dieser ersten drei Rechenschritte erhalten wir dann die *Wertschöpfung*, das heißt das Produkt, das die Arbeiter innerhalb eines Jahres hergestellt haben.

Unsere nächste Frage lautet dann:

2. Was haben die Arbeiter in dem betreffenden Jahr erhalten?

Hier legen wir zugrunde, was in der Gewinn- und Verlustrechnung angegeben wird an:

Löhnen und Gehältern
Sozialen Aufwendungen
Altersunterstützungen

(wobei bei letzteren nur die *tatsächlich* geleisteten Zahlungen berücksichtigt werden, die in einer Anmerkung zur Gewinn- und Verlustrechnung angegeben werden müssen). Das sind dann die Aufwendungen für die gesamte Belegschaft. Wir wollen aber wissen, was die

Arbeiter erhalten haben, die die Produkte des Unternehmens tatsächlich hergestellt haben.

Von der Gesamtsumme müssen wir also zunächst die Gehälter der Vorstands- und Aufsichtsratsmitglieder abziehen, die im Geschäftsbericht angegeben werden müssen, und die sicher nichts mit der Herstellung der Produkte zu tun haben. Außerdem ziehen wir die Gehälter der Angestellten ab, denn auch diese sind – mit ganz geringen Ausnahmen – nicht an der Herstellung des Produktes beteiligt, sondern haben mehr Aufsichts-, Organisations- und Vertriebsfunktionen. (Wir stellen hier nicht die Klassenfrage und bezweifeln auch nicht, daß ein großer Teil der Angestellten eine *notwendige* Arbeit leistet, sondern wir wollen in diesem Zusammenhang nur der Frage nach der *produktiven* Arbeit nachgehen.) Da die Angestelltengehälter in der Regel nicht gesondert angegeben werden, ziehen wir von der Gesamtsumme der (um die Direktorengehälter verminderten) Löhne und Gehälter einen Teil ab, der dem Anteil der Angestellten an den insgesamt Beschäftigten in dem betreffenden Unternehmen oder – wenn auch dieser Teil nicht angegeben ist – in der Branche des Unternehmens entspricht. (Letzterer ist in jedem Statistischen Jahrbuch zu finden.)

Was übrigbleibt sind – grob gerechnet – die *Löhne der Arbeiter.*

Ein taktischer Rat: Bei der Berechnung der Wertschöpfung und der Arbeiterlöhne sind wir in einzelnen Punkten auf Schätzungen angewiesen. Das ist nicht unsere Schuld. Bei einer agitatorischen Benutzung von Bilanzanalysen muß man deswegen deutlich betonen, aus welchem Grund und in welcher Höhe man einzelne Posten schätzt. Man muß dabei gleichzeitig die Unternehmensleitung auffordern, zu dieser Schätzung Stellung zu nehmen und sie gegebenenfalls zu korrigieren. Tut sie das nicht, kann die Schätzung als akzeptiert gelten. Tut

sie es – wider Erwarten – doch, so muß sie richtige Werte liefern und bestätigt im übrigen die Analyse im Ganzen.
Aus den Berechnungen der ersten beiden Schritte, der Wertschöpfung und der Arbeiterlöhne, folgt unmittelbar die Antwort auf die Frage:

3. Wie stark sind die Arbeiter in dem betreffenden Jahr ausgebeutet worden?
Um diese Frage zu beantworten, müssen wir nur die Löhne von der Wertschöpfung abziehen und erhalten so den Teil der Wertschöpfung, den die Kapitalisten behalten und den wir *Mehrwert* nennen. Er ist von den Arbeitern produziert worden, ohne daß sie dafür einen Gegenwert erhalten hätten.
Setzen wir diesen Mehrwert in Beziehung zum gesamten Neuwert (oder ein anderes Verfahren: zu den Löhnen), so erhalten wir die *Ausbeutungsrate*, die angibt, welcher Teil des gesamten Neuwertes von den Kapitalisten ohne Bezahlung angeeignet wurde oder auch, in Arbeitszeit umgerechnet, welchen Teil der Gesamtarbeitszeit die Arbeiter umsonst für die Kapitalisten arbeiten mußten.
Schließlich interessiert uns noch die Frage:

4. Was blieb den einzelnen Kapitalisten an Profit?
Wir müssen davon ausgehen, daß der Mehrwert das ist, was die Kapitalisten insgesamt aus der Arbeiterklasse herausgeholt haben, daß dieser Mehrwert aber nicht in voller Höhe bei den jeweiligen einzelnen Unternehmen bleibt, in denen er von den Arbeitern produziert und von den Kapitalisten angeeignet wurde.
Wie der Kapitalismus nur durch das Zusammenwirken verschiedener Kapitalisten miteinander und der Kapitalisten mit dem Staatsapparat funktioniert, so muß auch ein Teil des produzierten Mehrwerts an andere

Kapitalisten und den Staat abgegeben werden, also vor allem in Form von *Zinsen* (das sind die Abgaben an die Finanzkapitalisten, die Banken) und von *Steuern*, das sind die Abgaben an den Staat für die Aufrechterhaltung von Ruhe und Ordnung und die Herstellung der Bedingungen, unter denen sich am besten produzieren, d. h. ausbeuten läßt.
Außerdem werden aus dem Mehrwert noch eine Reihe von Ausgaben gemacht, die notwendig sind, um den gesamten Betrieb überhaupt aufrechtzuerhalten, nämlich die *Angestelltengehälter*, die wir also vom Mehrwert abziehen müssen, sowie ein Teil der *»sonstigen Aufwendungen«* (und zwar deswegen nur ein Teil, weil unter solche »Aufwendungen« auch die für Dienstvillen, Luxusjachten usw. fallen, die zweifellos keine notwendigen Ausgaben, sondern Verschleierung von Gewinn darstellen).
Andererseits müssen wir die Einnahmen, die das einzelne Unternehmen nicht aus dem Verkauf der eigenen Produkte sondern aus der Tatsache bezieht, daß es z. B. Aktien anderer Unternehmen besitzt (die in der Gewinn- und Verlustrechnung als *»sonstige Erträge«* auftauchen), zu dem Restbetrag hinzuzählen. Das Ergebnis ist dann der *Profit* des jeweiligen Unternehmens.
Wenn wir diesen Profit jetzt in Beziehung setzen zu dem eingesetzten Kapital (Eigenkapital plus Rücklagen plus Rückstellungen), erhalten wir die *Profitrate*, d.h. den Betrag, den ein Kapitalist für 100 DM Kapitaleinlage nach einem Jahr zurückerhält. Und diesen Betrag sollten wir einmal vergleichen mit den Zinsen, die wir erhalten, wenn wir 100 DM auf die Bank oder Sparkasse bringen.

III. Beispiel: Bilanzanalyse der Siemens AG

Um diese Überlegungen zu veranschaulichen, wollen wir die Gewinn- und Verlustrechnung der Siemens AG – der Gesellschaft mit den meisten Beschäftigten in der BRD (300 000) – mit unserer Methode untersuchen.

I. Was haben die Arbeiter von Siemens an Werten neu geschaffen?

Der Siemens-Geschäftsbericht weist für das Geschäftsjahr 1969/70	9.573 Mio DM
als Gesamtleistung aus. Das ist der Wert der in dieser Zeit fertiggestellten Produkte. Um diese Siemens-Produkte herstellen zu können, wurden Rohstoffe, Halbfabrikate und Hilfsstoffe gebraucht, also Produkte, die von Arbeitern in anderen Firmen hergestellt wurden. Sie dienten dazu, von den Arbeitern in den Siemens-Betrieben zu neuen, anderen Produkten weiterverarbeitet zu werden. Um herauszufinden, was die Siemens-Arbeiter dabei an neuen Werten geschaffen haben, müssen wir zunächst den Wert der von den Kollegen anderer Betriebe erbrachten Vorleistungen vom Wert der neugeschaffenen Produkte abziehen	– 4.353 Mio DM
	= 5.220 Mio DM

5.220 Mio DM haben also die Arbeiter an den Siemens-Maschinen geschaffen. Mit den Maschinen verhält es sich ähnlich wie mit den Hilfsstoffen. Auch sie wurden von Arbeitern in anderen Betrieben geschaffen und in dem Maße, wie sie für die Produktion verbraucht, abgenutzt werden, geht ihr Wert auf das Endprodukt über. Verdeutlichen wir uns das an einem Beispiel:

Eine Maschine habe den Wert von 10 000 DM und 10 Jahre lang werde mit ihr produziert. In jedem Jahr gibt sie dann 1/10 ihres Wertes, als 1000 DM, an die Produkte ab.
Um die Wertgröße zu finden, die von den Siemens-Arbeitern geschaffen wurde, müssen wir folglich von den 5.220 Mio DM nochmals einen Teil abziehen, da er aus der Arbeit der Kollegen anderer Betriebe stammt.
Wir haben ausgerechnet, daß er ungefähr 160 Mio DM betragen muß. Die Kapitalisten bezeichnen diesen Wertübertrag als Abschreibung und geben ihn, was gesetzlich erlaubt ist, mit 428 Mio DM viel zu hoch an. Dadurch verschleiern sie einen Teil ihres Gewinns und haben so den Vorteil, 1. weniger Steuern zu zahlen und 2. im Tarifkampf den Arbeitern was vorjammern zu können, wie schlecht es ihnen doch gehe.
Da gibt es z. B. sog. Sonderabschreibungen, die mit der Produktion rein gar nichts zu tun haben. Das sind Vergünstigungen, »Belohnungen«, die der Staat den Kapitalisten gewährt, wenn sie in bestimmten Gebieten (z. B. Berlin oder Grenzgebiete) die Arbeiter für sich schuften lassen.
Im Geschäftsbericht von Siemens heißt es dazu einfach: »Wie in den Vorjahren wurden alle steuerlichen Abschreibungspräferenzen ausgenutzt. Die Anlagezugänge ... in Berlin haben wir wiederum mit 75% abgeschrieben.« (S. 46) Wie groß dieser Betrag ist, steht nirgends. Deshalb müssen wir schätzen: ausgewiesen haben die Kapitalisten 428 Mio DM. Davon ziehen wir den Erfahrungswert von 1/4 für Sonderabschreibungen ab, also 428 – 107 = 321. Diesen Betrag müssen wir nochmals halbieren, da auch die »normalen« Abschreibungen grenzenlos überhöht sind, wie die Erfahrung lehrt und was manche Kapitalisten unverschämt und selbstsicher sogar offen zugeben.

So kommen wir also zum Ergebnis, daß 160 Mio DM an Wert, der in früheren Perioden von anderen Arbeitern geschaffen wurde, in den Produkten enthalten ist. Es bleiben 5.060 Mio DM übrig, zu denen wir noch 11 % Mehrwertsteuer rechnen müssen, denn dieser Wertteil wird zwar direkt an den Staat abgeführt, ist aber ebenfalls von den Arbeitern geschaffen worden. 557 Mio DM

Die Wertschöpfung, also das, was die Arbeiter von Siemens vom 1. 10. 69–30. 9. 70 an Werten geschaffen haben beträgt somit 5.617 Mio DM

II. Was haben die Arbeiter von Siemens bekommen?

Der Geschäftsbericht nennt keine Zahlen für die Arbeiterlöhne, sondern wirft Löhne und Gehälter in einen Topf. Das ist natürlich nicht zulässig und verschleiert die wahren Verhältnisse. Die *Werte* werden nicht von den Angestellten, sondern von den Arbeitern geschaffen. Erst recht können die Gehälter und Bezüge der Vorstands- und Aufsichtsratsmitglieder nicht bei den Löhnen mitgerechnet werden.

Also: im Geschäftsbericht werden ausgewiesen

Löhne und Gehälter	3.077 Mio DM	
Soziale Abgaben	318 Mio DM	
Pensionszahlungen	96 Mio DM	
Insgesamt wurden also an alle Beschäftigten gezahlt		3.491 Mio DM
Davon ziehen wir die Vorstands- und Aufsichtsratsbezüge ab		– 13 Mio DM
Dann haben wir als Zahlungen an Arbeiter und Angestellte		3.478 Mio DM

Das Verhältnis der Beschäftigten beträgt erfahrungsgemäß ca. 2 Arbeiter auf 1 Angestellten. D. h. wir müssen

pauschal 1/3 von 3.478 abziehen	– 1.159 Mio DM
bleiben also an Zahlungen, die die Arbeiter erhalten haben, ca.	2.319 Mio DM

III. Wie stark sind die Arbeiter ausgebeutet worden?

Die Arbeiter haben an Wert geschaffen	5.617 Mio DM
Davon erhielten sie an Löhnen	– 2.319 Mio DM
Es bleiben den Kapitalisten	3.298 Mio DM

Obwohl die Arbeiter den ganzen Betrag, also 5.617 Mio DM geschaffen haben, bekommen Sie nur rund 2/5 davon als Lohn zurück.
Das Verhältnis von dem Teil, den die Kapitalisten einfach einbehalten, obwohl doch das ganze von den Arbeitern geschaffen wurde, also die 3.298 Mio DM, zu dem gesamten Neuwert nennen wir Ausbeutungsrate. Sie beträgt bei Siemens über 58 %, also rund 3/5 ihrer Zeit schuften die Arbeiter bei Siemens für die Kapitalisten.

IV. Wie groß ist der Profit von Siemens?

Der Mehrwert, also diese	3.298 Mio DM

die die Siemenskapitalisten den Arbeitern vorenthalten, können sie aber nicht ganz in ihre eigene Tasche stecken. Einen Teil davon müssen sie anderen Kapitalisten, die ihnen Geld geliehen oder sonstwie geholfen haben, als Zinsen und an den Staat als Steuern, abgeben. Denn die kapitalistische Wirtschaft funktioniert nur, wenn die verschiedenen Kapitalisten und die staatlichen Stellen eng zusammenarbeiten, um die Ausbeutung der Arbeiter zu garantieren. Und dafür wollen diese natürlich an der Ausbeutung der Arbeiter ebenfalls profitieren.

Das machen die Siemens Kapitalisten genauso, und dafür haben sie von den anderen Kapitalisten als Belohnung bekommen (sie tauchen in der Gewinn- und Verlustrechnung als »sonstige Erträge« auf).	+ 526 Mio DM

Von den so entstandenen	3.824 Mio DM
– gab Siemens Zinsen an andere Kapitalisten (z. B. Banken)	– 195 Mio DM
– gab Siemens Steuern an den Staat (Das sind die in der Gewinn- und Verlustrechnung ausgewiesenen 225 Mio DM plus der Mehrwertsteuer in Höhe von 557 Mio DM, die wir bei der Berechnung des Neuwertes hinzuaddiert hatten. Bei der jetzt zur Debatte stehenden Berechnung des Profits muß dieser Betrag wieder abgezogen werden).	– 782 Mio DM
Außerdem gab Siemens an andere Kapitalisten, mit denen eng zusammengearbeitet wird, und die diesmal einen Verlust gemacht haben, 16 Mio DM.	

Das sind aber keine echten Verluste, da diese im wesentlichen durch Abschreibungsmanipulationen, also durch Bilanztricks zustande kommen, wie Siemens beruhigend für die anderen Kapitalisten selbst zugibt: »Unter Aufwendungen aus Verlustübernahme ist der ... Bilanzverlust enthalten, der vor allem durch steuerliche Sonderabschreibungen verursacht ist ...« (Geschäftsbericht, S. 51).

Deshalb können wir diese 16 Mio DM nicht als Verlust akzeptieren, sondern rechnet sie dem Siemens-Profit zu.

Es bleiben also den Kapitalisten	2.847 Mio DM
Davon müssen sie noch die Angestellten bezahlen, die notwendige Arbeit machen, aber keinen Wert schaffen	– 1.159 Mio DM
Ein letzter Posten bleibt noch abzuziehen, der als »sonstige Ausgaben« aufgeführt wird. Darin sind einmal einige notwendige Ausgaben enthalten, wie die Organisierung des Vertriebs, in gewissem Umfang Werbung usw.	

Andererseits aber sind dort auch persönliche Zuwendungen wie Dienstwagen, Dienstvilla usw. versteckt, oder verschwenderische Galaessen, Messen und sonstiges, was weder für die Produktion, noch für den Absatz von Bedeutung ist, sondern nur, protzige Zurschaustellung bedeutet.

Offiziell wird ein Betrag von 1009 Mio DM angegeben. Wir lassen aber nur zu, da diese persönlichen Zuwendungen usw., die ja zweifellos zum Gewinn der Siemens-Bosse selbst gehören, auch wenn sie sie sinnlos verschleudern, im allgemeinen rund 50% ausmachen.	– 500 Mio DM
Nach Abzug all dieser Ausgaben, die zur Aufrechterhaltung des Geschäftsbetriebes im Kapitalismus notwendig sind, bleibt somit ein Siemens-Profit von	1.188 Mio DM

V. Lohnt sich die Sache für Siemens?

1.188 Mio Profit also hat Siemens »gemacht«, und nicht nur 244 Mio DM, nach Geschäftsbericht.
Vergleichen wir diesen Profit mit dem von den Kapitalisten eingesetzten Kapital von 4.778 Mio DM, dann sehen wir, wie sehr sich die Ausbeutung für sie lohnt: 24,8%, also rund 1/4 ihres Kapitals haben sie dazuverdient! Und das in einem Jahr!
Mit anderen Worten: Die Arbeit der Siemens-Arbeiter hat also das Kapital der Kapitalisten um rund ein Viertel erhöht. Für jeden Hundertmarkschein, den die Siemens-Kapitalisten am 1. 10. 1969 in das Unternehmen steckten, erhielten sie am 30. 9. 1970 124,80 DM, während wir bei der Bank pro Jahr 4,– DM mehr zurückbekommen, wenn wir 100,– DM anlegen.

›der arbeitgeber‹ (Off. Organ der Bundesvereinigung d. Dt. Arbeitgebervb.) an den Verlag Klaus Wagenbach (8. 1. 73):

Sehr geehrte Herren,
In Ihrem Verlag ist die »Betriebsfibel« erschienen, die auf den verschiedensten Lehrlingsveranstaltungen kursiert. Leser erbitten in diesem Zusammenhang nähere Einzelheiten über Herrn Kelb. Ich wäre Ihnen dankbar, wenn sie ggfs. Lebenslauf oder sonstige Unterlagen übersenden würden.
Mit freundlichen Grüßen *Dr. Heinrichsbauer* (Chefred.)

Sehr geehrter Herr Dr. Heinrichsbauer,
ich stamme aus einer Familie, die seit vielen Generationen damit beschäftigt war, Arbeit zu nehmen. Wir lebten davon, daß wir für die genommene Arbeit auch noch Geld forderten: die ständig steigenden Löhne. Den Verlockungen eines so bequemen Lebenswandels konnte auch ich mich nicht entziehen: durch die Erlernung eines Metallberufes.
Verschlagen wie unsereins ist, merkte ich bald, daß bei den Unternehmern außer Arbeit und Lohn noch mehr zu holen sein muß. Von da an war ich nur noch von der Gier getrieben, ihnen alles zu nehmen. Als geeignetes Mittel dazu erschien mir eine planmäßig ausgeweitete Kumpanei mit dem Ziel, auf Insubordination gerichtete Zusammenrottungen hervorzurufen. Das verdichtete sich bei mir zu der »Primitivformel: ›Der Feind steht immer oben!‹«, wie Clemens Steindl es in Nummer 23/24, 1972 Ihres Organs so treffend charakterisiert. Das Unbehagen gegenüber dieser Losung teilen Sie übrigens mit Nicolaus Neumann, der in der DKP-nahen ›Deutschen Volkszeitung‹ meint, mein »eigentlicher Feind« seien »die organisierte Arbeiterschaft, die kommunistischen Parteien und die Gewerkschaften«. Ich verstehe die Welt nicht mehr! Sie werfen mich mit Leuten in einen Topf, die mich mit Ihnen in einen Topf werfen.
Doch weiter: Das schreckliche Ende des letzten Krieges brachte es ja mit sich, daß unsere Gesellschaft von Aufweichungstendenzen demokratischer, liberaler und selbst sozialistischer Art durchdrungen wurde. Auch ich kam mit solchen Liberalen, Intellektuellen und ähnlichen zwielichtigen Gestalten in Berührung (im Vertrauen: manche waren gar Juden!). Sie stifteten mich an, meine bösen Gedanken aufzuschreiben. Das Ergebnis liegt Ihnen ja vor.
Auf Daten zur Person des Verfassers haben der Verlag und ich verzichtet. Ich betrachte mich nicht als Schriftsteller; andererseits habe ich es abgelehnt, ein Pseudonym zu wählen. Wenn Ihnen mein Name nicht genügt, hier ein Tip: Einer meiner früheren ›Arbeitgeber‹ wußte plötzlich über meinen Lebenslauf sehr detailliert Bescheid. Was einem einzelnen ›Arbeitgeber‹ möglich ist, dürfte Ihnen als Verallgemeinerung des »arbeitgeber« doch sicher keine nennenswerte Schwierigkeit bereiten.
Mit schönen roten Grüßen Ihr *Berni Kelb*